Lieselotte Jacobi

Eben waren wir noch Kinder

VERLAG

Lieselotte Jacobi

EBEN WAREN WIR NOCH KINDER

Schreibwerkstatt

Bilder und Texte: Lieselotte Jacobi
Texterfassung und Vertrieb: Büro + Service GmbH Rostock
Herstellung: printmix24, Bad Doberan
1/10
ISBN 3-935171-71-4

Es ist wahr:
Kind sein bedeutet nicht,
daß die Kindheit
kinderleicht sei.

Eben waren wir noch Kinder

Für meine Freunde
und meinen Bruder.

Ja, wenn ich erst einmal groß bin,
wird auch kein Blut mehr fließen,
denn ich verbiete in der Welt
die Kriege und das Schießen.

Ja, wenn ich erst mal groß bin,
fahr ich mit hundert Sachen
zu allen, die da traurig sind,
damit sie wieder lachen.

Rudolf Otto Wiemer

INHALTSVERZEICHNIS

Das geht mir nicht aus dem Sinn

Unterwegs sein, hört das jemals auf? Und wenn es die Gedanken sind, sie horchen auf die Kinderspiele und entdecken unsere Spuren im warmen Sand an der Küste, im kniehohen Schnee, auch die Kratzer auf der schwarzgelackten Schulbank.

Ein Tag reiht sich an den anderen, löst sich wieder auf wie ein leichter Nebel, rutscht dir weg aus deiner Hand, und mit leeren Händen empfängst du den neuen, den nächsten Morgen. Bei Sonnenschein und blauem Himmel fällt es dir leichter zu leben, zu lächeln. Du bist bereit. Bei Regenwetter und dem unaufhörlichen Prasseln gegen die Scheiben, ja, da fallen dir deine Gummigaloschen wieder ein, die

Pfützen, die sie bildeten auf dem langen, hellen Schulkorridor. Hörst du denn nicht, wie es hallt, wenn Fräulein Engelhardt in den Gang biegt, wie ihre Hacken knallen, als wären sie mit Hufeisen beschlagen? Oder wie die Kreppsohlen von Fräulein Ülzen nur leise quietschen, wenn sie auf roten Steinfliesen zur Turnhalle läuft?

„So ein Regentag ist wichtig für die Seele“, erklärt uns Frau Sommer! „Da lernt sie die Dunkelheit zu akzeptieren.“ Ein schweres Wort. Es muß ein gutes sein, klingt wie ein „Rezept“ für einen Hustensaft mit Honig. Jetzt weiß ich es ganz genau: Regen und Honig gehören zusammen. „So lernt man in der Schule fürs Leben.“ Das hat mal Fräulein Malchow gesagt, die sehr friedlich mit uns umging.

Jetzt prasselt noch immer der Regen aufs Turnhallendach, und das Klappern der hölzernen Kriegsschuhsohlen dröhnt durch beide hohen Treppenhäuser. Es nervt die älteren Lehrerinnen, die hinter der ersten

Tür auf der ersten Etage verschwinden. Daneben befindet sich der Lehrmittelraum mit den Landkarten, mit ausgestopften Tieren und einem Schädel, ach, wirklich, mit einem ganzen Skelett. Unser Biologielehrer ist leider im Krieg, aber die riesige Landkarte brauchen wir heute noch in Erdkunde. Wir dürfen nur deutsche Bezeichnungen benutzen. „Das gehört zu Hitlers Ticks“, sagt Mutter. Wir wissen gut Bescheid über Main, Rhein und die Schweiz. Fest steht, dahin werde ich später reisen, wenn ich groß bin.

Nichts steht fest, nie habe ich die Schweiz, den Rhein oder den Main gesehen.

Aus einer Schulhofpause scheint heute nichts zu werden. Unsere Mützen sind noch viel zu feucht, und aus unseren Mänteln steigt ein nasser Geruch auf, der typisch ist für November, auch für Dezember, wenn wir bei Fräulein Malchow blaue Adventskerzen bestellen und bunte, geschnitzte Leuchter aus dem Sudetengau. Heute gehen wir zu zweit in langen Reihen und im Kreis auf dem Flur umher, mit unserem Frühstücksbrot in der Hand, fünfzehn Minuten lang. Eine alte Schule ist das hier, eine alte, liebe Lehrerin haben wir.

Unsere Schule ist Lazarett, unsere Lehrer sind eingezogen – fast alle, bis auf zwei von ihnen. Fräulein Prast hat Aufsicht, sie verzehrt ebenfalls ihr Frühstücksbrot. Wir lächeln ihr zu, denn sie ist doch unsere Klassenlehrerin, aber sie sieht auf ihr Pergamentpapier und steckt sich mit spitzen Fingern die letzten Krümel in ihren Mund. Ihre Kiefermuskeln sind mächtig tätig – wie ein Mühlenwerk. So verwandelt sich ihr knochiges Gesicht, na ja, zu einer Fratze, die irgendwie etwas Ähnlichkeit mit dem Schädel im Kartenraum bekommt. Das meint Evi, die ist vorlaut. Oder? Ursel Biermann hilft Fräulein Prast nach der letzten Stunde in den Mantel. Besonders gut gefällt mir das nicht. Die Lehrerin ist doch wohl selbständig genug und noch keine fünfzig Jahre alt. Ich habe mir mit zwei Jahren schon meinen Mantel alleine angezogen. Ich kenne auch so behände Kniffe, wie man mit allerlei Verrenkungen über den Kopf in die Ärmel hineinschlüpfen kann, oder wie zwei, drei Stufen zu überspringen sind, um schneller und lauter ins Erdgeschoß zu kommen. Ich habe mir auch zu gerne meine Brote schon mit zwei/drei Jahren selber geschmiert, was Großvater nicht so gern sah. Ihm gefiel wohl mein Bruder besser. Die beiden, das stellte Mutter fest, hätten Ähnlichkeit miteinander. Ich aber wäre – so neckten sie mich – wohl bei der Geburt vertauscht worden, was gar nicht stimmte. Denn ich war das einzige frisch eingetroffene Kind an dem eiskalten Januar-Morgen. Großvater schenkte mir ein Tischtennisspiel und Dieter einen Matrosen mit einem Schifferklavier.

Was kam dabei heraus? Nun wünschte ich mir Jahr für Jahr ein Akkordeon. Sieben Jahre mußte ich noch warten.

Ich gehe jeden Tag an unserer Niklot-Schule vorbei, dem Lazarett. Heute sitzt ein verwundeter Soldat an einem Fenster, hinter dem ich vor ein paar Monaten noch die Schulbank gedrückt habe. Ich seh' es ein, nichts währt wohl auf die Dauer, kein Weihnachtsfest, kein Geburtstag, keine Ferienzeit, kein Leben und kein Frieden. Jedesmal, wenn wir Altpapier sammeln müssen und von Wohnung zu Wohnung gehen, steckt man mir auch Bücher zu. Über die Seefahrt und den ersten Weltkrieg besonders viele. Alle habe ich erst einmal selber gelesen und Schlimmes erfahren über die Grauen eines Krieges.

Schon wieder heult die Sirene vom Dach der Schule und fährt durch mich hindurch wie ein zuckender Blitz. Der Verwundete entfernt sich. Ob ich ihn besuchen darf? Ist das erlaubt, frag' ich mich? „Wenn das jeder wollte", sagt Mutter. Ich könnte doch für ihn Briefe schreiben, für ihn Besorgungen machen. „Wenn du älter bist", meint meine Freundin.

Ich würde ja zu gerne mal unseren Klassenraum wiedersehen, den hellen nach Osten, wo es im Sommer heiß wurde. Wie froh waren wir, wenn es hitzefrei gab. Dann schrillte die Glocke mitten im Unterricht, 28 Grad im Schatten. Aus der Aula hörten wir noch das Singen. Wir kannten alle Strophen von der „Vogelhochzeit", vom „Kuckuck und dem Esel" und „Auf du junger Wandersmann!" Diese Lieder klingen nach Sommer. Wir schlitterten über die glatten Fliesen. Draußen suchten wir den Schatten von Häusern und Kastanien. Zu Hause gab es Rote Grütze mit Milch, und dann fuhren wir zum Schwimmen an den Schweriner See mit der Straßenbahn oder mit dem Fahrrad an den Medeweger See zum Schwimmbad und Restaurant „Gosewinkel". Ja, Gänse schnatterten da wirklich, ebenfalls Hühner. Wir holten uns im Gras auch damals schon Zecken. Noch heute habe ich ein vermumiziertes Stück von einem Insekt irgendwo im Bein versteckt sitzen.

Wenn nur das Sirenengeheul nicht wäre. Wir sind wieder auf eine lange Nacht vorbereitet, drüben im MEW-Luftschutzkeller. Fast sechs Jahre lang verbringen wir hier unsere schlaflosen Nächte, durchschnittlich von 22:30 bis 5:00 Uhr früh. Die Schule beginnt statt um 8:00 Uhr dann erst um 10:00. In jeder zweiten Woche ist nachmittags Unterricht, weil wir die Schulen, die uns geblieben sind, teilen. So können die anderen Gebäude als Lazarett dienen. Mutter nimmt an jedem Wochenende Ehefrauen von Verwundeten auf. Auch mein Zimmer wird dann besetzt, und ich schlafe mit im Elternschlafzimmer. Dieter muß wieder zurück in sein Kinderbett und sich zusammenrollen. Ich habe nichts dagegen, nur manchmal stinkt es in meinem Zimmer hinterher wie in einer Parfümerie oder nach unangenehmem Zigarettenrauch.

Nachdem Vater eingezogen wurde in den Krieg, hatte Mutter gern Menschen im Haus. So ganz allein liebte sie es nicht, dieses Haus mit 7 Zimmern. Einmal brach ihr beim Abschließen der Haustür abends der Schlüssel ab. Eis und Schnee waren dazwischen geraten. Das war ein Theater! Solche Ängste kannte ich nicht, wie sollte ich sie verstehen? Dafür fürchtete ich mich um so mehr vor den Bomben. Auch in dieser Nacht. Mich erschrecken jedesmal die Gespräche der Erwachsenen, deren sorgenvolle Themen unsere gemeinsamen Nächte wirklich nicht aufhellen können. Herr Bartels kommt mit seiner Familie angerannt, als die Flieger schon brummen. Er ist bleich im Gesicht, läßt sich zitternd auf seinen Stuhlsitz fallen und sagt mit bebender Stimme, wie zur Entschuldigung: „Das ist keine Angst. Das sind die Nerven." Niemand belächelt ihn, aber zwei junge Nazis grinsen. Ich schäme mich. Ich kann Herrn Bartels verstehen. Am Anfang hatte ich ähnliche Probleme. Wir saßen da in Erwartung der ersten Bomben, mit der Gasmaske in der Hand. Ich glaubte, jeden Moment wäre alles aus, müßten wir sterben. Niemand hatte auf meine Angst geachtet. Niemand konnte mich trösten. Jeder war mit sich allein; auch Mutter? Ich fühlte mich unter Fremden und völlig verlassen. Wenn doch der Vater unter uns gewesen wäre!

Wir haben in diesem Jahr einen Haushaltslehrling, Luise aus Hagenow. Sie findet Schwerin so schön, und wir haben sie gern. Sie bekommt ebenfalls Klavierstunden. Mutter ist gut zu ihr. Luise besteht ihre Prüfung dann auch mit Eins. Aber in dieser Nacht ist sie ganz verstört, sie weint. Einer der Monteure hat sie roh angefaßt. Ich verstehe das nicht. Vielleicht hat er sie aus Versehen und schlaftrunken angerempelt. Nein, sie schüttet Mutter ihr Herz aus. Ja, Mutter hat ihn zur Räson gebracht, ein für alle mal, wenn ich es recht verstanden habe.

Jede Nacht, wenn die Sirenen heulen, habe ich meine liebe Not mit Dieter. Er ist nicht wach zu bekommen. „Zieh dir die Strümpfe an und die Trainingshose! Mach schnell, beeil' dich!" Er kann kaum gerade stehen. Im nächsten Augenblick sitzt er splitternackt im Korbstuhl auf der Diele, gähnt, schläft und kratzt sich. Wir hören schon die ersten Bomber, sehen sie am silberhellen Mondscheinhimmel. Dieter schläft mit offenen Augen. Die Flieger sind unterwegs nach Berlin.

Es hat wohl über 30 Jahre gedauert: Regelmäßig träumte ich von Fliegeralarm, befand mich auf der Suche nach einem Luftschutzkeller, sah die Silberpfeile am Himmel im blendenden Scheinwerferlicht, fand nur verschlossene Haustüren vor und hatte schreckliche Todesangst auszustehen. So waren mir Mondscheinnächte gar nicht lieb in den Nachkriegsjahren. Es kam das Grausen wieder – an den Tag – über Nacht. –

Dieter hat Mantel, Schal und Mütze im Arm. Ich renne mit ihm über den Hof, Mutter schließt ab und schimpft auf Hitler. So erreichen wir den Schutzraum. Nur der Blockleiter in seiner Uniform hat einige Bemerkungen mitbekommen. Er schlägt einen scharfen Ton Mutter gegenüber an: „Ich kann sie anzeigen und ins KZ bringen, Frau Jacobi". Mir geht das durch und durch.

In der Schule wird uns gesagt, wir müßten ein Hitler-Bild aufhängen, am besten über dem Schreibtisch. „Nie", entgegnet Mutter. „Wir wohnen allein im Haus. Uns kann niemand kontrollieren."

Meine Schulfreundin Evi meint an Hitlers Geburtstag 1939: „Er wird heute 50!! Ist man dann schon alt?"

„Nö, aber man kann schon Großvater sein. Mein Opa war 74 als er starb."

„Stell dir vor, Lilo, er wird sterben, Adolf Hitler, was wird dann aus uns? Ohne Führer?" Oh, Evi! Ihr Vater ist streng, tadelt ständig an uns herum. Wir dürfen ihn nur mit „Heil Hitler" begrüßen, dem „Deutschen Gruß".

Mit 10 Jahren komme ich in die Hitlerjugend. Das heißt, ich muß zum Dienst antreten, dreimal in der Woche, mittwochs, sonnabends um halb 3 Uhr am Moltkeplatz und sonntags früh um 8 Uhr am Alten Garten vor dem Schweriner Schloß.

Noch ist der Krieg nicht ausgebrochen. Es fehlen noch drei Monate, aber es finden ständig Manöver statt und Luftschutzübungen im dunklen, stinkenden Keller der Schule. Wir müssen uns eine viel zu stramme Gasmaske über den Kopf ziehen und damit auf dem Sportplatz herumlaufen. Es sieht grauenvoll aus, uns vergeht das Lachen. Wir sind völlig aus der Puste, und eine unheimliche Ahnung beschleicht aus.

Mutter geht mit mir in das Sportgeschäft am Pfaffenteich. Wir suchen die Uniform für mich aus: Zwei weiße Blusen mit dem Dreieck „Nord-Mecklenburg" am linken Ärmel, Schlips und Knoten, einen dunkelblauen Wollrock, ein schwarzes Berchtesgadener Wolljäckchen mit buntem Rand und Silberknöpfen, eine honigfarbene Velvetjacke und eine Menge weiße Söckchen. Jetzt gehöre ich zur JM-Gruppe 9 von Schwerin-West. Wir lernen Volkslieder, spielen Völkerball, treten an, zählen ab, marschieren singend durch die Stadt, halten gute Kameradschaft und freuen uns, wenn wir uns treffen. Was verstehen wir schon von Politik? Nur meine Mutter hält nichts von Hitler. Das darf ich nicht sagen, sonst wird sie eingesperrt. Wir treiben Sport, nehmen teil am Sportfest. Ich mache mein Leistungsabzeichen. Als ich älter bin, bekomme ich eine Medaille im Radschlagen. Mit vierzehn Jahren soll ich Scharführerin werden. Da legt mir Mutter einen Stein in den Weg. Sie lehnt alles ab, was irgendwie mit Hitler zusammenhängt. Sie verbietet es mir. Ich habe das Nachsehen. Doch was geschieht? Ich komme in die Spielschar, wo musiziert wird statt exerziert.

Das alles ist mir in den Sinn gekommen, ist hervorgesprudelt, als ich vorsichtig den Deckel von meiner Plünnenkiste anheben wollte, in der meine Kindheitserinnerungen wie bunte Steine am Boden liegen. Wenige sind verloren gegangen. Die meisten haben auch ihre Farbe noch bewahrt, ihr Leuchten und ihr Glitzern behalten. Was sie ans Licht bringen? Ein buntes Mosaikbild.

Auch mich hat meine Mutter eines Tages in die Welt gebracht. Damit will ich jetzt beginnen und die Spieluhr wieder aufziehen. Was sie uns singt? „Nun ade, du mein lieb Heimatland."

Große Kälte – warmer Empfang

Es war 1929, wie kann ich mich wohl heute noch daran erinnern? Es war der kälteste Jahrhundertwinter. Als ich geboren wurde, herrschte starker Frost in Rostock.

Mein Vater konnte über die zugefrorene Warnow schlittern. Die Fähre war außer Betrieb. „Alle Menschen rennen", sagte er, als er Mutter und mich begrüßte. „Kaum ein Mensch ist in den Straßen zu sehen, 27 Grad unter Null zeigt das Thermometer an, dazu herrscht ein eisiger Wind, der die Straßen und Plätze leerfegt." Als Mutter meinen Vater umarmen wollte, wehrte er ab: „Halt! Meine Ohren sind angefroren, sind wie aus Glas. Sie können brechen, wenn du sie berührst." Sogar Ohrenwärmer konnten nicht schützen vor dieser Kälte.

Ein gut entwickeltes, gesundes Kind hatte Mutter da zur Welt gebracht, das an diesem Tage noch schlafend Vaters Begrüßung über sich ergehen ließ. Aber einige Tage später meinte die Schwester in Dr. Eberhard's Klinik: „So ein Schlingel ist ihre Tochter. Sie schreit und schreit – und plötzlich ist sie still, wenn sie meine Schritte hört".

Wie oft hab' ich in meinem Leben auf Schritte gehorcht, wenn ich irgendwo in einem Krankenhaus lag, hinter Milchglas die Umrisse von Schwestern, Ärzten oder Besuchern zu erkennen versuchte und eben an den Schritten hörte, wer da kam.

Interesse an meiner Umwelt soll ich wohl schon gleich gezeigt haben. Ich hätte jauchzende, frohe Töne geträllert, wenn die Blätter und Baumkronen zu mir in den Kinderwagen geschaut, in der Sonne und im Wind getanzt hätten. Wer weiß, was sie mir zugeflüstert haben?

Ich wollte früh wissen, was vorher gewesen war, vor meiner Geburt. Mutter erzählte mir, daß sie für eine Wohnung Geld gespart hätten, in eine Siedlungsgesellschaft eingetreten wären, daß dieses Gebäude pünktlich zum Termin meiner Geburt beziehbar gewesen wäre. So ein Glück!

Mutter hat das Kochen gelernt, wie das früher so üblich war, in einem guten Hause, in einem Hotel am Bodden, in Ahrenshoop an der Ostsee. Vorher, im 1. Weltkrieg, hat sie im Zeitungsverlag ihres Vaters gearbeitet, hat am Stehpult die Wehrmachtsberichte entgegengenommen, mußte die Texte zusammenstellen und dem Setzer übergeben. Sie hat auch Fehler übersehen, die sie „Enten" nannte, hat eine viel zu hohe Anzahl feindlicher Registertonnen versinken lassen. Wer merkte das schon. Sie mußte nachts raus, wenn es irgendwo brannte, und Reportagen schreiben. Ich glaube, sie war ganz schön im Streß und froh, als die Männer heil und unverletzt aus dem Krieg zurückkamen und ihre Arbeit wieder aufnehmen konnten. Aber ihr ältester Bruder Hans war gefallen, ihr liebster, bester, guter Hans, der so ernst war und vernünftig, an dem sie sehr gehangen hatte.

Vater, der Ingenieur, zeigte mir das Leben, die Welt, wie alles funktioniert und sang mit mir, spielte auf seiner Gitarre. Mutter zeigte mir, wie man sich durchzusetzen hat, wie man kämpft, wie man Mut faßt und dabei die Natur, das Schöne, die Kunst immer im Auge

behält. Ich habe heute noch das Rattern der Maschinen im Ohr aus Großvaters Druckerei, den Geruch vom heißen Zeitungspapier in der Nase. In Großvaters Schränken durfte ich wühlen nach bunter Pappe. „Waren an der Müritz“ war mein Paradies.

Margarete

Tante Grete, Mutters jüngere Schwester, wollte auch nach Ahrenshoop, unbedingt, und das Kochen dort erlernen, wo sich die interessantesten Gäste, vor allem Künstler trafen. Hier mußte aber das Wasser frisch gepumpt und geschleppt werden, der Spinat im Boddenwasser gewaschen und aufgepaßt werden, daß er nicht davonschwimmt. Auch die Elektrizität war noch unbekannt, aber Sängerinnen wie Lotte Lehmann und Filmemacher gingen schon ein und aus und mußten um Seidenpapier bitten, bevor sie im Hof das luftige Plumpsklo aufsuchten. „Das ist alles nichts für dich, Grete“, gab Elisabeth ihrer Schwester den Rat: „Schlag dir Ahrenshoop aus dem Kopf.“

Später, nach leidigen, erfahrungsreichen Schnupperwochen, kam Grete zurück. Und als ich laufen lernte mit elf Monaten, da fing sie mich lachend auf als meine liebste Tante, als fertig ausgebildete Krankenschwester von der Rostocker Universitätsklinik.

Meine frühesten Ausflüge in der Sportkarre führten oft in Richtung Uni-Klinik, und ich erinnere mich, daß Mutter gern den Nebeneingang benutzte. Ich fürchtete mich, wenn wir, um ein Stück Weg abzukürzen, durch den Keller gehen mußten, wo mich verschiedene Motorengeräusche irritierten, auch die dicken, weiß bewickelten Wasser- und Heizungsrohre. Dann nahm ich Mutters Hand und versuchte, sie schnell wegzuziehen aus diesem unheimlichen Gewölbe.

Der Stationskorridor war mir vertraut. An seinem Ende wohnte Tante Grete. Sie hatte ein schönes Sofa; ich durfte sogar darauf spielen. Drehte sie es um, war ein Bett daraus geworden. Auf dem Tisch lag ein Karton mit bunten Knetmasse-Rollen für mich. Knetgummi war mein Traum.

In Opas „Großer Grüner Straße“ gab es auch nette Kinder. Wir spielten zusammen, und ich war glücklich. Sie sprachen plattdeutsch, und ich wollte es ebenfalls können, wenigstens versuchen. Aber einer von den Jungs lachte mich aus: „De will platt spreken un kann dat nich!“ Lat em, dachte ick, un versök dat doch wedder, so gaud dat güng. Nu kämen all de bannig groten Keuh na Huus von den Ackerbuer in de Straat. Dat weer jümmers üm disse Tiet. Dor güng ick leever in ’t Huus achter de grote greune Döör un keek mi disse Melkkeuh von binnen an. Wat leegen denn dor för Spinatklacksen up de Straat na disse Parade? „De dröögen in“, sä de Lüüd.

Hannes zeigte uns etwas Wunderbares, das hielt er in seiner Hand. „Wies mal!“. Dat weer Kitt, de Glaser harr dat trüchtlaaten. „Oh, Hannes, giff mi wat af, een lütt beeten davun“, weer ick an ’t Beddeln. Nee, he wull nich. „Och Hannes, ick möcht so giern ’n Haasen, so ’n Muckelchen ut kneed’n.“ He kniep sien Hand too. Mit ’n Maal, ganz fix, as he sick sin Näs putzen dä mit ’n groot, kareerten Männerdaschendook, griep ick mi ’n lütt Krümel dorvun aff un will wechlopen. He mi na un verdrischt mi bannig. Överall kreeg ick sein’ Feust to föölen. „Heulsuse?!“ Ne, dat wull ick nich, vör em nich. Ick geef em den Klumpen trüch, brannte ok all bannig in mien Hand.

Tante Grete kennt mich besser, sogar meine Wünsche. Schlimm wird es für mich in der Adventszeit, wenn in den Schaufenstern die schönsten Puppen liegen, sitzen, stehen, miteinander spielen – und keinem Kind gehören, auch nicht mir, und nie zu mir kommen. Da hätten sie es so gut. Was will bloß dieser alte Mann hinter dem Ladentisch mit all den schönen Spielsachen? Der ist vielleicht reich! Ist er ein König? Ohne Krone? Mutter sagt: „Du wünschst dir doch einen Schlitten zu Weihnachten!“ Ja, aber mit Puppen kann man spielen, kann sie füttern – so tun – auf den Topf setzen, sie windeln, sie schreien lassen und an sich drücken. Ein Schlitten ist doch eher etwas für Vati, der zieht ihn und fährt mit ihm noch lieber als ich. Ein Schlitten steht die meiste Zeit im Keller, das hab’ ich schon beobachtet, verstaubt und rostet, der Rost färbt ab.

Die Knetmasse von Tante Grete färbt nicht ab. Tante Grete ist überall, wo wir auch sind. Später wird das anders, da fahren wir zu ihr. Sie heiratet noch einen Witwer, der ist nicht alt. Er hat eine Tochter Ingrid, sie ist so alt wie ich. Plötzlich hab’ ich eine Cousine, die im Grünen wohnt, ganz dicht am Ufer der Müritz, wo die Dampfer anlegen, wo es dicke reife Blaubeeren gibt unter den Kiefern, wo wir herrlich baden können. Ach, es dauert nicht lange, dieses Glück. Tante Grete bekommt eine Blutvergiftung, und daran muß sie sterben mit 38 Jahren.

Ich vergesse nie diesen Sommertag. Die Sonne scheint heiß auf meine Arme. Wir beide, Dieter und ich, sitzen unter einer Birke. Die Blätter rascheln, Dahlien blühen, wir warten. Wir dürfen nicht mit. Unsere Eltern, da kommen sie endlich heraus aus diesem grauen, eintönigen Fenster-an-Fenster-Bau, dem Krankenhaus – sehr ernst, tiefbedrückt. Die Birke hat alle Farben verloren, die paar gelbbraunen Blätter sehen aus wie Asche. Es ist, als wollte die Sonne alles Lebendige verbrennen, aber sie leuchtet nicht mehr, sie ist ohne Licht und ohne einen Schimmer von Gold oder Freude untergegangen, um 5 Uhr nachmittags im August. –

Leben in Rostock heißt Rostock lieben

Noch sehen wir Tante Grete in Gedanken ganz oft. Wir wohnen glücklich und zufrieden in Rostock so nahe an der Ostsee, daß Mutter mit mir jeden Sommertag gegen 14 Uhr mit der Eisenbahn nach Warnemünde fährt. Wir wohnen in der Nähe vom Parkbahnhof, ein Katzensprung für Mutter mit Kinderwagen, mit Sportkarre, später mit mir an der Hand. Gegen Abend, nach Dienstschluß steigt mein Vater in den Zug und kommt nach. Er findet uns am Strand, im Sand oder im Strandkorb. Abendbrot mit Sand an den Händen, das hab' ich gern, mit dem Glucksen der kleinen Wellen im Ohr. So glücklich zu sein, dauert das an? Dafür sorgt schon der Herbst. Der setzt diesen Ausflügen ein Ende.

Wie schnell schlägt das Wetter um – und das Geschick. Einmal wäre fast das Haus abgebrannt. In der Wohnung unter uns hatte sich ein Zimmerbrand ausgebreitet. Mutter schnappte sich eine dicke Wolldecke von der Chaise, packte mich hinein, trug mich – wie der Storch sein Bündel im Schnabel – mit schnellen Sprüngen durch den dichten, ätzenden Qualm zu Freunden gegenüber. Mit Peter Lange saß ich am Fenster und sah den Feuerwehrmännern zu. Ich glaube schon, daß ich gezittert habe. Vater fragte mittags, als der Brand bereits gelöscht worden war, ob es Räucherfisch gäbe.

Noch ein Jahr Kindheit in Rostock, Warnemünde, und schon sind wir dabei, Umzugsvorbereitungen zu treffen, denn Herr Lange und auch mein Vater werden nach Schwerin versetzt. So wird es sich zutragen, und Jahre später wird auch unsere sonnige moderne Rostocker Wohnung dran glauben müssen, wird von einer Luftmine wegrasiert, wird zu Schutt und Asche verwandelt. So grausam geht es zu auf der Welt. Ein Kind kann das schon gar nicht verstehen, es lernt das Fürchten.

Schwerin und der Ziegelsee

Während die Erwachsenen ungern Rostock verlassen, bin ich noch zu klein, um Vergleiche zu ziehen. Scheiden tut weh – noch kenne ich das nicht. Der Möbelwagen hat Schwerin gefunden. In der Hamburger Straße werde ich abgeliefert bei Hallers, Freunden aus Rostock, bei Tante Trude und Onkel Fred. Ihr Terrier kennt mich noch. Der Blick aus ihrem Küchenfenster geht auf Gärten und die Eisenbahn. Da hab' ich genug zu sehen, was mich an Tante Minni's Wohnung in Rostock erinnert. Nur Hühner gibt es hier keine im Garten. Dafür steht Geschirr auf dem Tisch, das mich bilderreich an Tante Minni's Kinderschar und ihren Hühnerhof erinnert. Warum sollte ich wohl so betrübt sein wie die Kollegenfrauen von Vater? Sie jammern bloß. Am nächsten Morgen wache ich in unserer neuen Wohnung auf. Ich weiß, wir wohnen jetzt am Ziegelsee 38. Die Sonne scheint in mein Kinderbett. Es ist der 2. April 1933.

Der See glitzert. Möwen segeln am blauen Himmel, und einige von ihnen setzen sich sogar auf unseren Balkonrand.

Unternehmungslust

Was fang ich an mit diesem Tag? Ich sollte zunächst mal auskundschaften, was es hier zu entdecken gibt. Im Wohnzimmer herrscht ein großes Durcheinander. Kartons mit Büchern stehen auf dem Teppich und Waschkörbe mit Geschirr. Dazwischen liegt überall zerknülltes Zeitungspapier. Mutter ist sehr beschäftigt. „Geh' mir von den Füßen", herrscht sie mich an, „spiel' draußen vor der Tür!" Kein Kind ist zu sehen. Zwei alte Frauen in blau-weißen Kittelschürzen unterhalten sich mit der Butterfrau. Die geht von Tür zu Tür und bietet ihre Butter an: Deutsche Markenbutter, Molkereibutter, gesalzene oder ungesalzene.

Jetzt knattert und rattert ein Auto heran. Es ist der Milchmann in seinem hellblauen Dreiradwagen. Er steigt aus und schwingt seine Glocke. Das hört sich gut an. Von allen Seiten kommen die Mütter, Großmütter und Dienstmädchen in Schürzen und Kitteln angelaufen. Auch Mutter ist dabei und zahlt 12 Pfennig. Den Milcheimer hätte ich zu gern zum Spielen, aber ich bin still. Ach doch, da ist noch ein Wunsch: „Mutti? Darf ich zu Tante Trude? Hier ist kein Kind, mit dem ich spielen kann." Sie reißt die Augen weit auf: „Du rührst dich hier nicht vom Fleck! Das ist viel zu weit weg, wo Tante Trude Haller wohnt, in einem ganz anderen Stadtviertel. Spiel hier unter der Linde Hüpfen und Verstecken. Daß du mir nicht davonläufst, hörst du?", und sie hebt ihren Zeigefinger drohend und steif wie einen Grenzpfahl in die Höhe. Ach, so hab' ich sie kaum erlebt. Umzug ist wohl nicht einfach.

Der Milchmann fährt weiter. Soll ich wirklich hier stehen bleiben und von einem Stein zum anderen hüpfen? Umschauen ist erlaubt, auf die andere Seite der Straße gehen auch. Da kann ich das Haus, in dem wir wohnen, besser betrachten. Drei große Fenster gehören uns und drei weitere zum See hin auch. Eine Veranda mit Schiebefenstern ist unser ganzes Glück. Das Herrenzimmer und die Küche haben nach zwei Seiten Fenster, der Hausflur hat eines und eine breite, dunkle Holztreppe.

Mit gefällt es hier. Der Ziegelsee glitzert in der Sonne. Ich bin jetzt vier Jahre alt. Da sollte es doch wohl erlaubt sein, daß ich mir alle Häuser hier aus der Nähe begucke, ja, etwas genauer, fünf Schritte weiter, und wieder fünf, und, und ... Es sind schöne Häuser, alle haben Vorgärten, einige auch schon vorne weiße Veranden, wie ich sie von Warnemünde her kenne. Gegenüber stehen die Demmlerhäuser, da gibt es oben an der nächsten Straße ein großes Geschäft. Wo Dauerlutscher und Lakritzenrollen locken, da wird Mutter später einkaufen. Der andere Laden mit Obst- und Gemüsekisten vor der Tür heißt „Lange". Erst als ich lesen kann, werde ich buchstabieren, was über den Schaufenstern steht: „Kolonialwaren". Vater erklärt mir, was das heißt und wo Bananen und Apfelsinen wachsen. Bei dem Bäcker in der Gutenbergstraße gibt es vor allem Amerikaner zu kaufen für fünf Pfennig.

Im Sommer klingelt der Eismann an heißen Tagen. Dann holen wir uns für 5 oder 10 Pfennig Erdbeereis in der Waffeltüte. Ab und zu brauchen wir auch mal einen Groschen für den Leierkastenmann, der wunderschöne Musik macht, die traurig stimmt. Überall werden die Fenster aufgerissen und Groschen, in Papier gewickelt, dem Orgeldreher vor die Füße geworfen. Ich bring ihm selber das Geld und sehe mir sein Gesicht an. Es sieht kantig aus und ist voller Bartstoppeln; er trägt einen karierten Schal mit Fransen. Mein Schal ist rot, der hat Knoten und Fransen.

Mutter hat gehäkelt und gehäkelt und zwei blaumelierte Muster reingearbeitet. Endlich war er fertig, und ihr könnt mir glauben ... den habe ich noch mit 22 Jahren getragen, durch alle Kriegs- und Nachkriegsjahre, bis ich einmal einen weißen, seidenen Sängerschal erhielt – aus Amerika. Wo ist der rote geblieben? Daraus habe ich schöne Kinderhandschuhe für Eckart Maaß gestrickt, weil er sie brauchte.

Oh, wie von selbst bin ich unten am Pfaffenteich angelangt. Schnell zurück an einer weißen Villa vorbei. Ich nenne sie „Schlößchen". Hinter den gewölbten Fenstern wohnt der Gynäkologe. Das erfahre ich später von Mutter. Jetzt aber trägt mich der Wind nicht nach Hause, nein, er schubst mich stadtwärts. Es gibt kein Halten mehr, er hebt mich an, gibt mir einen nächsten Stoß, da bin ich mit

Edith

Ich schlafe jetzt in einem großen Bett nach Westen. Mein kleines Holzbett soll das Baby demnächst bekommen. Ich bin ganz glücklich bei dem Gedanken. Alle Kinder haben längst Geschwister. Nur Edith auch noch nicht. Sie ist meine Freundin und wohnt drüben im „Demmlerhof". Die Sonne scheint morgens auf ihr Fenster. Wir können uns zuwinken. Sie wird bald sechs, und ich bin gerade erst fünf Jahre alt. Ihre Mutter pellt eben Kartoffeln für Salat, aber sie steckt uns die besten in den Mund und schiebt einen Klacks Butter und eine Prise Salz hinterher. Das ist ein Genuß. Sie muß noch eine Portion kochen.

Ediths Mutter hat mir das gleiche Waschsamtkleid, mit Blümchen drin, genäht. Nun sind wir Zwillinge mit zwei Paar Eltern.

Wir haben besonders viel Spaß mit meinem Vater, wenn er mit uns Kaufmannsladen spielt. Er bietet uns Mandeln und Rosinen an. Die Tüte hat ein Loch, und er merkt es nicht. Plötzlich sind seine Schubladen leer, und er hat nur fünf Pfennig eingenommen. Er wird auch nicht gewahr, daß er sich verzählt hat, und daß die Kunden, während er sich umdreht, ein Paket „Kathreiner's Malzkaffee" aus seinem Regal stibitzen. Wir lachen und halten uns den Bauch.

Am nächsten Sonntag spielt er mit uns „Eisenbahn". Er ist Lokomotivführer und Schaffner. Er hat eine Schirmmütze aufgesetzt, eine Trillerpfeife im Mund und einen hölzernen Kochlöffel in der Hand. Zur Abfahrt des Zuges hält er ihn hoch, den Arm, den Löffel. Der Zug setzt sich in Bewegung, Vater zieht am Teppich, tatsächlich rütteln die Waggons. Wir sitzen in der 1. Klasse, das heißt: auf einem Polsterstuhl. Küchenstühle bedeuten 3. Klasse oder Waggons für Reisende mit Traglasten. Da hinein gehören unsere Puppen und die Karren. Jetzt geht es bergauf, und die Lokomotive klagt: „Ich kann nicht mehr, ich kann nicht mehr, ich kann nicht mehr!"

„Alle aussteigen!", ruft der Schaffner und trillert auf seiner Pfeife. Wir müssen schieben, die Stühle verkeilen sich ineinander, die Wagen entgleisen. – Edith geht nach Haus, wir gehen ins Bett. Abendbrot? Ja, das haben wir doch längst im Speisewagen bekommen, vom Ober, der das Tablett hochhielt und damit gefährlich wackelte, weil der Zug gerade in die Kurve ging.

Unsere schönsten Sommerspiele finden am Ostseestrand statt, nur einmal in Büsum an der Nordsee. Im Sand, am Meer, auf den Klippen, da sind wir glücklich. Es riecht nach Seetang, nach Fischen. Es schmeckt salzig, räucherig, süß nach kandierten Walnußlutschstangen. Im Strandkorb steckt der Geruch von Spartacreme und Niveaöl. Die Sonne durchwärmt den rotweiß gestreiften Strandkorb. Geschützt vor dem Wind sitzen und liegen wir eine Weile darin, bis wir weiterbauen

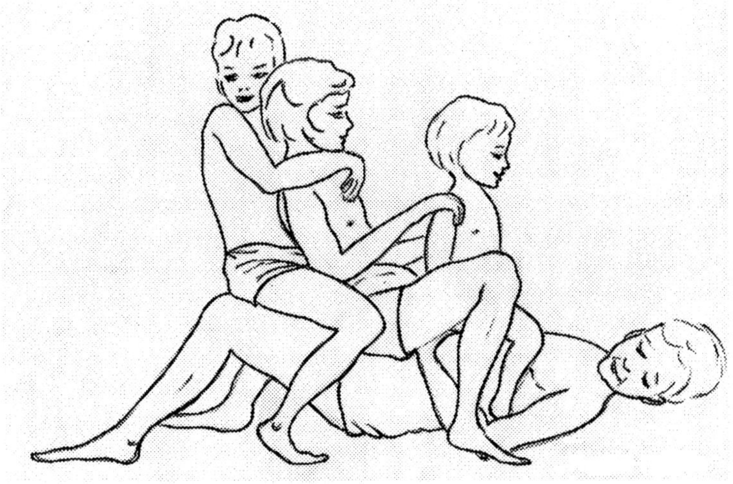

an Burgen, Schleusen, Stauseen oder von hinten auf den Korb klettern, ganz, ganz leise, uns oben auf den Rand setzen und die Beine runterbaumeln lassen. Haben wir Mutter erschrecken können? Oder tut sie nur so?

Edith ist jetzt sechs. Sie kommt in die Schule. „Ich bin bald zurück", und sie winkt. Die Straße ist leer, „wie ausgestorben" würden die Großen sagen. Was mach' ich bloß so alleine? Auch die Jungs sind schon so alt. Ich spiele Schule mit mir selbst. In Vaters alte Aktentasche packe ich Frühstück, schön eingewickelt in Pergamentpapier, meine Malstifte, ein Malbuch, ein Taschentuch, sage „Tschüß, liebe Mutti", renn' durch den Garten, 60 Stufen abwärts zum See, klettere über den Zaun, rutsche die Böschung hinunter und suche mir am Ufer eine Bank und setze mich in den Halbschatten, spiele Schule. Alles geschieht der Reihe nach, so wie mir meine Freunde das erzählt haben. Zuerst muß ich ein Morgengebet sprechen: „Wie fröhlich bin ich aufgewacht, wie hab' ich geschlafen so sanft die Nacht. Hab' Dank, im Himmel, oh Vater mein, daß du hast wollen bei mir sein." Dann muß ich ein Morgenlied singen: „Die güld'ne Sonne, voll Freud' und Wonne ..."

Jetzt muß ich die Hände vorzeigen, ob sie auch sauber sind und die Nägel keine Trauerränder haben.

Ach, du liebe Zeit, da kommt ein älterer Herr vorbei? Nein, er setzt sich ans Ende der Bank, wo die Sonne auch schon das Gras getrocknet hat. Ich strecke mich kerzengerade, ganz aufrecht in die Höhe und könnte jetzt mit dem Ausmalen beginnen, aber ich muß daran denken, daß ich aufrecht sitze, wie ein Zinnsoldat, und daß alle Jungs zu Weihnachten diese Zinnsoldaten bekommen und Panzer und Burganlagen. Komisch, wir freuen uns mehr über Puppen, Puppenhäuser mit einer Badewanne und Ziehtoilette, WC! Wenn Mutter mit uns in die Stadt fährt mit der Straßenbahn, freu' ich mich auf diese Puppen in den Schaufenstern. Nach den Einkäufen oder zwischendurch geht meine Mutter mit uns gern in ein Café, wenn wir durchgefroren oder durstig sind. Dann such' ich mir einen Platz auf einem roten Plüschsofa, darf mir Kakao bestellen und auch Kuchen. Oft wird es schon dämmerig, so gemütlich schummerig, und es geht auf Weihnachten zu.

Wir fahren vom Marienplatz ab nach Hause. Zwischen der Straßenbahn und mir besteht eine wirklich tiefe, innige Freundschaft. Im dunklen Abendsonnenschein bekommt sie große, feurige Augen und einen breiten Mund. Ich mag gern ihr Ting – Ting, das heißt: „Mach zu, beeil dich, ich muß abfahren." Auch der Schaffner freut sich über die Groschen. Wie weich und hoch singt die Bahn, wenn sie nicht immerzu zwischendurch anhalten muß, sondern durch den schattigen Wald nach Zippendorf saust, in einem Rutsch, bis zur Endstation.

Irgendwann einmal sind wir im Sommeranhänger gefahren, der ist nach beiden Seiten offen, nur mit dicken Lederkordeln begrenzt. Kein Mensch fällt raus, kein Hund kommt reingesprungen. Es ist eine lustige, luftige Fahrt. Niemand muß schwitzen. So selten kommt das vor. Was meinst du, wird das Wetter in diesem Jahr wieder so schön? Wirst du den Sommerwagen noch einmal sehen?

Aber! Es ist noch April und ich spiele doch Schule, bin eine fünfjährige Schülerin. Träumt der Mann neben mir auch von der Straßenbahn? Oder von der Schule? Wovon wohl? Er sieht Opa ähnlich. Auch seine Lippen sind so dunkel, blaurot. Er hustet. Er hat viele braune, weiche Flecken auf der Hand, wie Opa. Es durchzuckt mich, ich bekomme einen Schreck: Die Erwachsenen sprechen seit Wochen von dem Mörder Haarmann und trichtern uns

Angst und Vorsicht ein: Niemals Süßigkeiten von Fremden annehmen, niemals ganz alleine am See und auf den Wiesen umherstreifen, niemals auf ein Gespräch einlassen, niemals mitgehen, schnell davonlaufen!

Dieser Mann sieht eigentlich richtig nett aus, ein bißchen schwach und müde. Jetzt fummelt er in seiner Jaketttasche herum und zieht einen eingewickelten Bonbon hervor, fragt mich, ob ich auch so einen möchte. „Nein, danke", will ich sagen, aber ich nehme meine Mappe und lauf' davon, renne den Uferweg entlang bis zur breiten Treppe, bin ganz aus der Puste, hab' mich nicht einmal umgesehen.

Natürlich bleiben Edith und ich weiterhin zusammen. Sie ist oft bei mir, ich bin bei ihr. Wir spielen in ihrem grünen Zimmer mit ihren neuen, großen Puppen, mit dem Baby im Himmelbett, mit dem singenden, summenden Brummkreisel.

Heute stopft Mutter Strümpfe, näht Knöpfe an. Edith fröstelt. Ihr ist nicht gut. Sie schüttelt sich vor Kälte und klappert mit den Zähnen. Zuerst setzen wir uns dicht an die Heizung und besehen uns ein Bilderbuch. Edith zittert immer noch. Ich will sie wärmen, aber sie sagt „Tschüß". Zwei Tage später flüstert ihre Mutter meiner Mutter ins Ohr: „Edith ist ins Krankenhaus gekommen. Sie hat Diphtherie. Es ist sehr ernst." – Edith stirbt! – Ich muß zur Ärztin, muß mich täglich vorstellen und „A" sagen. Da ist alles in Ordnung.

Wochen später besuche ich Ediths Mutter. Sie führt mich noch einmal ins grüne Zimmer. Alles steht da, wie immer, aber das Zimmer ist ohne Leben, ohne Sinn. Ich weine die ganze Zeit. Schon als ich die Haustür öffnete und auf das gewürfelte Muster der Treppenwand blickte, konnte ich mich nicht mehr beherrschen. Edith wird uns nie mehr entgegenkommen. Ediths Eltern, wie halten sie das nur aus? Ich soll mir Spielzeug aussuchen, ich dürfte mir mitnehmen, was? alles! „Nichts, nein, danke, bitte auch keine Fotographie, gar nichts." Plötzlich weine ich nicht mehr, fühl' mich erwachsen, so alt wie Ediths Mutter. Der Tag wird nicht hell. Nicht einmal die Sonne erreicht mich, nur Trauer, aber eine andere Traurigkeit, die es langsam schafft, mich zu trösten.

Am liebsten würde ich meinen Vater bitten, mein Bett wieder umzustellen, damit ich nicht immer zum „grünen" Fenster hinschauen muß, aber Mutter würde vielleicht sagen: „Nimm dich zusammen, mein Kind."

Ein Kind erwarten

Am 9. Juni 1934 wird mein Bruder geboren. Das wurde auch Zeit. Tante Grete ist angereist und der Doktor, der am Ende vom Ziegelsee wohnt, ist auch erschienen. Jetzt sitzen sie alle zusammen im Wohnzimmer, haben einen frischen Schinken angeschnitten, essen Abendbrot und trinken Bier. Das hat mir Hannelore Eichhoff erzählt, die 12jährige Tochter unseres Hauswirts. Ich bin oft in seinem Arbeitszimmer, darf mir seine Zeichnungen ansehen und selber bei ihm Treppen mit Säulen abmalen.

Jetzt bin ich bei Stapels, unseren Nachbarn, und soll auch über Nacht bleiben. Zuhaus ist zu viel los. Ich kenne das vom Umzug her. Mutter liegt auch schon im Bett. Tante Grete führt den Haushalt. Sie ist lieb, aber streng. „Krankenschwestern müssen so sein", tröstet mich Mutter.

Heute ist Sonntag, ich darf das Baby sehen. Wirklich, da liegt es im Babykorb. Mutter ist glücklich, denn jetzt hat die Warterei ein Ende. Wenn ich sie fragte: „Wollen wir nicht zum Baden nach Zippendorf fahren mit der Straßenbahn?" schüttelte sie ihren Kopf: „Das Baby könnte kommen." Gestern wäre ich so gerne mit ihr losgezogen, um Kirschen zu kaufen. „Du weißt", sagte sie, „wir warten auf das Baby". Hier ist er nun: Der Bruder! Er schläft ganz still unter dem blauen Wolkenstoff, ist noch so winzig klein.

Mutter lächelt und redet mir gut zu, er würde schnell wachsen. Sie fragt mich, welchen Namen ich besser fände: Dieter, Gerhard oder

Klaus? Klaus klingt nach Clown, Dieter finde ich gut. Tatsächlich wird er von Tag zu Tag niedlicher und schöner. Ich kann mir das Leben ohne ihn nicht mehr vorstellen, helfe Mutter beim Windeln. Vater spült abends die Windeln aus, die schon eingeweicht bereitliegen, schwimmen in der Badewanne.

Große Sorgen – kleiner Säugling

Wochen später passiert dann das einzige Malheur, das ungewollte Mißgeschick, das Dieter mir aber niemals übelgenommen hat. Oft hab' ich an seinem Stubenwagen gestanden, hab' ihn zum Lachen gebracht. Einmal schäkerte ich wieder mit ihm, beugte mich über den Korb, stützte mich auf den Griff – hoppla, kippte der Korb nach vorne, und Dieter flog raus, im hohen Bogen auf den Teppich? oder aufs Parkett? Da war ein See, ein kleiner von mir, der Schreck war zu groß. Dieter schrie gewaltig, dieses hilflose kleine Bündel. Er lebt! war mein Gedanke. Ich holte Mutter, die telefonierte mit der Kinderärztin. Sie erschien, untersuchte unser Baby, fand es in Ordnung, meinte freundlich: „Babies fallen wie Katzen“.

Ich konnte mich gar nicht so recht freuen auf Dieters bevorstehende Taufe, hatte ich doch verlauten hören, es würde so etwas wie eine Bombe geben, so groß wie ein Luftballon. Wer hat sich das nur ausgedacht? Wollten mich meine Vettern aus Waren wieder aufziehen? Schon einmal hatten sie mich reingelegt mit ihrer elektrischen Eisenbahn. Ich mußte mit nassen Händen auf die Schienen fassen und da! zuckte es, ging durch mich durch „huiii“! Ich hatte einen elektrischen Schlag bekommen. Mein Herz klopfte so schnell, es hüpfte und tanzte, es tobte wie ein Sturm. Es sauste in meinen Ohren. Eine ungewohnte Unruhe hatte mich erfaßt, schwenkte mich im Kreis herum. Der schöne Weihnachtsnachmittag war verdorben. Wir gingen ins Haus der Großeltern zurück. Der alte Sanitätsrat kam und gab mir braune Tropfen, vielleicht Baldrian.

Taufe

Und jetzt soll es eine Bombe geben? Wie gefährlich wird sie werden für unseren kleinen Dieter? Großvater zuckt die Achseln: „Mach' dir keine Sorgen". Mit Mutter ist nicht viel anzufangen. Sie geht durch die Räume, ordnet alles, stillt Dieter, ich darf dabei sein. Sie trägt ein durchgeknöpftes hellgrünes Leinenkleid. Oder ist es aus Seide? Ich fühl es an. Mutter mag ich gern so hell gekleidet, auch morgens, wenn sie sich über mein Bett neigt und nach Blüten riecht, ja, nach frischer Seife. Plötzlich, als wir noch alle zusammen an dem festlich geschmückten, ausgezogenen Eßtisch sitzen, sagt jemand: „Ahh!" Die Eisbombe wird serviert, in vier Farben und verziert. Nun wird sie angeschnitten. So harmlos ist die Bombe: Wie dumm war ich. Eigentlich lutsche ich ja lieber das Eis aus der Waffel.

Komme ich aus der Schule, muß ich erst zu Dieter. Er spielt mit meiner Brottasche: aufklappen – zuklappen.

Die Zeitung lege ich Mutter neben den Herd. „Mutti, da steht was von Krieg, jeden Tag".

„Du bist viel zu klein, um die Zeitung zu lesen."

„Aber die Überschrift ist rot unterstrichen."

„Als ich 6 Jahre alt war, habe ich Märchen gelesen."

Märchen mag ich nicht. Sie sind grausig. Wahre Geschichten sind mir lieber. Dieter ist auf der Veranda, sitzt auf dem Topf, spielt mit seinem Becher. Aber was macht er da für Geschichten? „Oh, Mutti, er zerreißt mir meine schönen Bilderbücher."

„Laß' ihn", sagt sie, „du hast andere Bücher und deine Fibel jetzt".

Ich sehe es ein. Er ist so fröhlich dabei, bekommt einen roten Kopf und kriegt sie alle kurz und klein. Ja, laß' ihn.

Ich werfe einen Blick zum See. Die Sonne funkelt auf den Wellen. Der See ist so lebendig und immer in Bewegung, auch manchmal traurig. Der See nimmt alles, wie es kommt, den Sturm und das Gewitter, die Dunkelheit in der Nacht und den hellen Mondschein.

Wir erfinden immer wieder neue Gedichte für Dieter: „Dieter bekommt ein Schweineohr. Er freut sich wie ein schwarzer Mohr." Jetzt fragt er ständig „Warum“, er sagt aber „Wum“, „Wum dies?“ „Wum das?“, als hätte er einen Kreisel verschluckt, der sich dreht und dreht. Wir beantworten alle seine Fragen, und er lernt, wie es im Leben zugeht.

Sonntags bekommen wir Frühstück ans Bett. Ich lese ihm Märchen vor. Wir bauen ein Bett zu einem Auto um. Er steuert es, brummt und plustert die Lippen auf. Sein Steuerrad ist eine Untertasse mit Goldrand.

Dietlinde

Dietlinde ist meine Schulfreundin. Sie wohnt in einem süßen, kleinen Reihenhaus. Eine steile Treppe mit rotem Läufer und Stofftapeten an den Wänden führt bis unters Dach. Wir gehen Laterne und singen Lieder dazu. Alle Schulklassen bilden einen weiten Kreis um den Pfaffenteich herum. Das ist ein prächtiges Bild, wenn sich die Laternen im Wasser spiegeln.

Das Leben ist wunderschön. Auch in Schneebergs Garten. Da sitzen wir in der Laube mit Dietlindes Eltern und ihren drei Schwestern. Das Grün der Büsche nimmt eine ganz andere, noch kräftigere Farbe an als am Tage. Wir spielen jeden Abend „Afrika-Nacht“. Im Dunkeln lauf' ich schnell nach Haus. Meine Eltern sitzen noch auf dem Balkon beim Licht der grünen Schreibtischlampe, da schwirren die Motten und Mücken um die Birne herum und verbrennen sich nicht. Eine Ruhe liegt über dem Ziegelsee. Die Dom-Uhr schlägt neun.

Wir wohnen so gerne hier. Wenn nur die Gewitter nicht wären! Manchmal halten sie sich lange Zeit über dem See auf. Da gleiten die Blitze mal hier, mal drüben, mal rechts, mal links ins Wasser. Dann ist das kleine Motorschiff „Erika“ auch nicht unterwegs, und die Kutter liegen im Hafen. Bei Gewitter steht alles Leben still. Zuerst rufen die Vögel so ängstlich, dann kommt der Sturm auf, und ich denke, der Donner bricht unser Haus auseinander und die Fenster in tausend Scherben. „Der Donner ist nur unheimlich für deine Ohren, Lilo“, und Vater hebt mich auf seinen Schoß. Mutter meint, der Sturm könnte den Balkon wegreißen. Jetzt ist mir alles egal, ich sitze bei Vater. Er tröstet mich und erklärt mir alles, was man über Gewitter wissen muß. Das ist eine Menge. Einiges kann ich nicht verstehen. Ich weiß nur, es wird nichts passieren. Das ist genug. Alle Angst ist weg, auch das Gewitter zieht weiter und läßt einen Regenbogen zurück, einen wundervollen doppelten.

Großkundgebung

Das Saarland wird deutsch. So tönt es aus den Lautsprechern an einem sonnigen Sonntagmorgen – Marschmusik und zwischendurch die krächzende Stimme Hitlers. Die Leute winken sich zu und singen: „Deutsch ist die Saar, deutsch immerdar." Mutter seufzt: „Das wird doch wohl nicht der Schritt zum nächsten Krieg bedeuten?" Fragend sieht sie Vater an. Er meint: „Ich gehe mit Lilo zum See. Es ist so schön heute." Recht hat er. Ich hole schnell mein Badezeug. Aber es wird ein ganz verflixter Sonntag. Am Bootssteg ist unter Wasser Stacheldraht angebracht. Ich reiße mir Beine und Po daran auf – und darf wochenlang nicht zum Baden. Die Wunden sind tief und schmerzen, hinterlassen lebenslange Narben. Ein schlimmer Sonntag.

Winter am Ziegelsee

Mutter hängt dicke, rote Wolldecken vor die Fenster, damit es nicht so zieht, wenn der Nordostwind ums Haus bläst. Er summt und singt Tag und Nacht, pfeift unter den Türen durch. Schade, daß ich nicht an den Weihnachtsmann oder Nikolaus glaube, dann könnte ich mir vorstellen, er wäre auf dem Weg zu uns. Aber ich freue mich auf die Adventszeit. Dieter plappert vom „Wangwagong" – Weihnachtsmann – und fragt, was er wohl alles im Sack hat.

Wir bleiben in der Stadt lange vor den Schaufenstern stehen. Dann hucke ich mich zu Dieter auf die Sportkarre. „Maunsinpan und Rara“ – „Marzipan und Schokolade“!

Wir hauchen warme Löcher in die Eisblumengärten, wie sie jetzt zum Blühen kommen über Nacht. Hat es geschneit? Da fegt doch jemand frischen Schnee! Wir versuchen davon zu lutschen, sieht so zuckrig aus, schmeckt aber nicht.

Dietlinde und ich sind auf dem Schulweg. Es ist noch nicht ganz hell. Die Gaslaternen brennen sanft. Bald wird der Laternenmann sie mit seinem langen Stab auslöschen. Dann färbt sich der Himmel gelb. Wir müssen uns beeilen. Dietlinde und ich tragen dicke, graue Krimmermäntel mit Pelerine. Die Schneiderin hat sie für uns aus den Mänteln unserer Mütter genäht. Der Wind wirft uns die Pelerine um die Ohren. Unsere Stiefel bleiben immer wieder im hohen Schnee stecken, und die eisige Luft kratzt uns die Pausbacken rot. Wir laufen uns warm. Alles ist uns recht, der Schnee gehört uns. Wir verstecken uns hinter den hoch aufgeschaufelten Hügeln, denn die Jungs werfen mit Schneebällen nach uns. Wir haben Spaß an so einem Tag, wenn die Welt weiß ist, ganz, ganz schneeweiß und neu. Wir stellen uns vor, wir wären in Sibirien. Wir wissen wenig von dem Land, denn wir gehen erst in die erste Klasse und haben noch keinen Erdkundeunterricht. Wir brauchen noch keinen Atlas. Nur die Schiefertafel klappert in unserem Tornister bei jedem Hopser. Der Griffelkasten klimpert dazu. Oder schreiben wir längst ins Heft? Die Fibel erzählt uns, was „Heini und Leni“ so erleben mit ihrem dicken, fetten Pfannkuchen, der einfach davonläuft. Wie bei uns, hängt in der Fibel auch ein Eiszapfen an der Dachrinne. Er heißt „Pirlipause“, und weint, wenn die Sonne scheint.

Wir erfinden eine sibirische Sprache auf unserem Marsch von 45 Minuten. Dietlinde sagt, daß es näher sei nach Sibirien als zu den Sternen. Sie muß es wissen, denn ihr Vater ist nicht nur Lehrer, er hat auch einen Globus in seinem Herrenzimmer stehen, wo ein wunderschöner, weicher, bunter Teppich liegt.

Wir lachen und kichern, wir müssen uns ab und zu verpusten; es ist eine Arbeit heute, durch den Schnee zu stapfen. Ich bemerke, während wir nach manchen Stürzen taumeln und tänzeln, vom Wind getrieben und gestoßen werden: „Wie komisch, daß dein Vater ‚Herr Schneeberg‘ heißt und im Sommer nicht aufschmilzt.“

Wir haben uns verspätet. Die elektrische Schulglocke surrt, und wir befinden uns noch weit entfernt vom Eingang. Es würde uns ja nicht im Traum einfallen, die Straßenbahn zu benutzen. Kein Kind tut das. Es wären nur zwei Stationen, dann fährt sie in Richtung Bahnhof, und wir müssen doch unbedingt einen Blick auf das Wetterhäuschen werfen, das beim Schuster im Kellerfenster steht. Ebenfalls müssen wir den Negerküssen einen eiligen Handkuß hinwerfen, wenn auch um diese Zeit die Konditorei einen verschlafenen Eindruck macht. Ist das Wetter zu schlecht – das merken wir uns beide – wollen wir uns lieber zehn Minuten früher auf den Weg begeben. Abgemacht!

Eines Tages, bei scheußlichem Unwetter, befinde ich mich tatsächlich sehr pünktlich, aber allein auf der Straße. Dietlinde ist krank. Hat sie Masern? Sie hat Wachstumsschmerzen. Sie liegt in ihrem altertümlichen, abgekratzten Eisengitter-Bettchen in dem Mädchenschlafzimmer ganz oben im Haus unter dem Dach. Ich werfe noch schnell einen Blick aus dem Fenster. Es macht Spaß, von oben auf Bäume und Dächer zu schauen. Zwei Welten in einem Haus, denke ich. Wie weit und groß ist die Welt allein schon in unserer Straße am See!

Jetzt hat mich der Sturm im Griff. Wird er mich erfassen und über die Straße schubsen? Wie im Struwwelpeterbuch? Dachziegel hat er schon reichlich von den Häusern gefegt. Ich soll aufpassen, hat Mutter gemeint. Da überholt mich ein mächtig großer, breiter Schutzmann. Ich folge ihm und halte mich an seiner Seite mit vielen Hopsern. Denn er nimmt lange Schritte. Jetzt weiß ich, Schutzmänner sind nicht so böse, wie die Jungs uns erzählen. Sie werfen uns nicht gleich ins Gefängnis. Dieser hier bestimmt nicht. Wir sagen kein Wort. Der Sturm ist zu laut.

Es ist überhaupt nicht so einfach, mit den Jungs friedlich zu spielen, aber wichtig, nicht für einen Schwächling gehalten zu werden. Sie erlauben uns, eine Weile mitzumachen. Aber plötzlich hält einer von ihnen mir seine Faust unter die Nase nach Boxer Art. Max Schmeling ist ihr Vorbild. Dann drücken sie ihre Hand auf sämtliche Klingelknöpfe, locken uns an eine Haustür, rennen weg wie der Blitz – und wir Mädchen bekommen die Ohrfeigen von einem unbekannten Hauswirt.

Peter und Klaus sind richtige Freunde. Sie tun mir nichts, sondern beschützen mich vor den Raubeinen. Wir bauen Kanäle, Brücken, Stauseen, Tunnel und Wassermühlen. Ich bin ihre Frau oder ihr Kind. Peter hat ein Fahrrad, kein allzu großes. Er bringt mir das Radfahren bei. „Du kannst es, Lilo. Nun brauchst du ein eigenes Rad!“ Kurze Minuten Glückseligkeit. Ich hab’ einen Traum! Mutter winkt ab: „Du bist noch zu klein“.

Tonsillen, ade!

Eines Tages ruft mich Mutter vom Spielen weg. „Wasch’ dir die Hände. Wir haben einen Termin bei Dr. Bock.“ Sie packt einen kleinen Koffer mit meinen Sachen. Peter wartet vor der Tür mit seinem Rad. Ich erzähle ihm von Mutters Überraschung. „Da, nimm mein Rad. Du kannst darauf fahren – bis zur Klinik.“ Ich sause davon und warte am Eingang, zeige Peter: „Da oben in dem Erkerzimmer muß ich ein paar Tage bleiben, dann kannst du mich wieder abholen. Alles nur, weil wir Scharlach hatten.“

Nun liege ich dort in dem weißen, großen Bett, habe noch den widerlich süßlichen Geruch von Äther in meinem Kopf, spüre ihn hinter der Stirn sitzen, herumschwirren. Ich erinnere mich an eine strenge Schwester, die meine Arme und Beine festschnallte, ja, mit breiten, hellen Lederriemen und in einen weiß ausgepolsterten Maulkorb eine Flüssigkeit tropfte. Den setzte sie mir wie eine Boxerfaust mitten aufs Gesicht, befahl mir zu zählen. Ich schaffte es bis drei, dann flog ich in einer Schaukel davon auf eine heiße lila Sonne zu. Ich hörte quietschende, zirpende, unangenehme fremde Geräusche und kam endlich von dieser Irrfahrt zurück, mit lautem Rauschen im Ohr. Meine Haarspange, die Libelle, fiel in eine Schale, welche die Schwester festhielt. Sie wurde rausgefischt, das Blut abgewaschen, wieder in mein Haar gesteckt. Dr. Bock trug mich ins Bett. Die Sache ist erledigt. Heute gegen Abend schon würde ich richtiges Eis bekommen, versprach mir eine andere Schwester, deren Schritte ich jetzt oft höre.

Der nächste Wintereinbruch kommt und Mutter befestigte erneut die schweren Decken vor den Doppelfenstern. Eines Tages bleibt sie vor dem Sportgeschäft am Pfaffenteich stehen und zieht mich in den Laden: „Was du jetzt brauchst, sind Schlittschuhe“.

„So kurz vor Weihnachten?" frage ich nach, wo alle Geschenke versteckt zurückgehalten werden bis Heiligabend? Das wundert mich. Ich weiß doch, sie liegen im untersten Fach vom Wäscheschrank, wo niemand von uns etwas zu suchen hat, zwischen der Bett- und Tischwäsche im Elternschlafzimmer. Evi meint: „Laß uns doch mal kurz nachschauen, einmal ist keinmal."

„Nein."

Mutter spricht von früher, als sie in Waren auf dem Tief-Waren-See Schlittschuh gelaufen ist, und sie sucht besonders gute aus, mit Schliff. Jeden Morgen, wenn ich aufwache, fällt nun mein Blick auf diesen blauweiß gemusterten Schlittschuhkarton, der oben auf meinem kleinen, weißen Kleiderschrank steht. Jeden Tag laufe ich auf dem Eis vom Pfaffenteich meine Runden. Ganz leise ritzen die Schlittschuhe schöne Muster ins Eis.

Der Winter ist hart und lang und will kein Ende nehmen. Zu meiner Freude! Aber dies ist auch der Winter, als Vater mit seinem Auto in einer Schneewehe stecken bleibt und nicht wieder frei kommt. Bis zum nächsten Morgen um 5 Uhr hat er auf Hilfe gewartet, hat den Wagen verlassen, ist nur marschiert nach rechts, nach links, die ganze Nacht, um nicht zu erfrieren. Kein Gasthaus, kein Bauernhof, nur Wälder hat er um sich gehabt, auch kein Stück Brot und keinen Tropfen Wasser im Auto mehr. Endlich hört er ein Gefährt mit Milchkannen, das nimmt ihn mit zur nächsten Bahnstation. – Mecklenburg hat heute noch weite, unbewohnte Landstriche.

Das Schweriner Theater

Mutter ist beim Friseur. Gräfnitz' sind Freunde von ihr aus Waren. Das Geschäft befindet sich in der kleinen Straße, die vom Arsenal zur Paulskirche führt. Ich brauche auch einen Haarschnitt. „Was kann ich für dich tun, Lilo?" fragt mich Herr Gräfnitz und schraubt den Stuhl immer höher, bis ich einen weiten Blick über den Herrensalon werfen kann. Ich antworte dem Spiegelbild: „Bitte, Ohrläppchen frei, Nacken etwas angeschnitten und Pony stutzen, Onkel Albert." So hat es mir Mutter eingeprägt. Ich könnte diesen Vers auch noch im Schlaf aufsagen. Nach ein paar Minuten wirkt die Frisur ganz neu, wie an einem Lineal entlang geschnitten. Ich fühl mich so leicht am Kopf, als Herr Gräfnitz mit einer weichen Pinselbürste die letzten kleinen, goldglänzenden Härchen wegwirbelt. Dann nimmt er mich mit nach hinten in einen kleinen Raum mit Fenster zum Hof. Da liegen in den Regalen Perücken über Perücken. Eine blonde mit echten Zöpfen stülpt er mir auf den Kopf. Das macht Spaß! Zöpfe hätte ich doch zu gerne.

„Nun begucke dich mal in dem großen Spiegel", lacht er.

„Das soll ich sein? Das ist ein ganz fremdes Mädchen, das kenn ich nicht." Nun lachen wir beide. „Kleider machen Leute. Wenn du älter bist, wirst du sie im Theater sehen, diese feinen Leute."

Ich glaube, eine Faszination für das Theater habe ich nur wenige Male erleben können, nur in diesen allerersten Schuljahren. Nachher kam alles ganz anders. Als ich drei Jahre alt war, schleppte mich Mutter zum ersten Mal ins Theater. Es gab den gestiefelten Kater, mit dem ich noch nicht viel anfangen konnte. Als es zur Pause gongte und sich einige Besucher erhoben, um in der Halle auf und ab zu gehen, da drängte ich sehr, um nach Hause zu kommen. „Das ist gut nun", hätte

ich gesagt, „das Spiel ist zu Ende. Es ist genug", und nahm Mutter bei der Hand und zog sie zum Ausgang.

Auch während der Christvesper am Heiligen Abend in Rostock hätte ich der Musik wohl gerne gelauscht, aber gegen Ende der Predigt laut ausgesprochen, was mir die Geduld raubte: „Ist er denn noch nicht bald fertig?"

Jetzt bin ich sechs, und unsere Klasse trifft sich vor dem Theater. In meinem blauen Täschchen steckt die rosa Eintrittskarte zu „Peterchens Mondfahrt“, Parkett links, 4. Reihe, Platz 5. Leni ist meine rechte Nachbarin. Sie wohnt auch am Ziegelsee, in dem weißen Schlößchen mit den Säulen vor dem Eingang. Wir können dort herrlich Versteck spielen. Ihre Mutter ist eine feine, hübsche junge Dame, die oft am Flügel sitzt und spielt, wenn ich Leni besuche. Ich würde auch zu gerne Klavier spielen, aber Mutter sagt: „Wir müssen uns noch eine Weile gedulden, bis Oma uns ihr Instrument schenkt“. Ich träume nachts davon, wie ich in die Tasten greife und spiele, spiele, mir zuhöre, nicht glauben kann, daß ich es bin – wie schön es klingt.

„Leni, findest du es hier im Theater auch so spannend?“ Sie nickt. Ich wage es nicht, sie zu fragen, ob ihr das ebenfalls unheimlich wäre, wenn irgendwann nachher die Kinder mit einer Kanone in den Himmel geschossen würden? Die Jungs hatten es mir erzählt.

Es ist aufregend hier im Theater, auf der Bühne, wo der Mond durchs Fenster scheint und der Maikäfer von einem großen erwachsenen Mann gespielt wird, wo die Puppen wie Blumen auf einer Wiese wachsen! In der Pause springen wir treppauf, treppab, werfen einen Blick in die Logen und genießen es, wieder im roten Plüschsessel zu sitzen. Der Gong ertönt, wird leiser. Der letzte Dreiklang klingt aus. Stille! Auch im Orchestergraben sind die Instrumente gestimmt. Wie hab' ich das gerne, wenn sie alle durcheinander klingen, ein Fagott noch hinterher kommt. Es duftet nach Parfüm und Pfefferminze. Die Türen werden leise geschlossen, die roten Vorhänge zugezogen mit leichter Berührung. So sieht es aus. Die Lichter erlöschen bis auf die Notausgang-Lämpchen. Das Gold glitzert noch. Der große Vorhang geht auf – und was sehe ich? Da steht wirklich eine Kanone auf der Bühne. Etwas Schlimmes wird jetzt passieren. Die Kinder und der Maikäfer klettern in die Kanone. „Oh, tut es nicht“, möchte ich rufen. Jetzt kommt der furchtbare Knall, ist schon vorbei – und weit, weit weg, ganz oben am Himmel, verschwinden die Drei. Sie landen auf dem Mond. Kein Grund zur Aufregung. Es ist nur ein Spiel. Leni und ich lutschen nun auch Pfefferminzdrops, ganz beruhigt und mit Genuß.

Schule, ihre Lehrer und wir

Lehrerinnen und Lehrer sind Glückssache. Wir können sie uns nicht aussuchen. Wir werden noch geschlagen, aber wir schlagen nicht zurück. Wir weinen auch nicht.

Herr Götting ist unser Musik- und Biologielehrer. In Naturkunde weiß er gut Bescheid, und Musik ist amüsant mit ihm. Er ist immer guter Laune, und niemals würde er uns strafen oder wehtun. Anfangs hatten wir Mühe, uns das Lachen zu verkneifen, wenn er seine Geige aus dem Kasten nahm, sich ein grünes Lätzchen unters Kinn legte und begann, seine Geige zu stimmen. Auch heute, an einem warmen Sommermorgen, ist er wieder dabei, die Saiten fester zu spannen oder zu lockern. Er horcht, er lauscht, ist ganz Ohr, und dabei legt er seine Stirn in Falten. Sein Mund öffnet sich. Das männliche Gesicht bekommt einen kindlichen Ausdruck. Wir können nicht ernst bleiben und prusten los.

Herr Götting und unser Direktor

Mein Vater spielt auch Geige, und ich meine, er verzieht ähnlich sein Gesicht beim Stimmen. Abends, wenn wir im Bett liegen, steht er auf der Diele und spielt Schlaflieder für uns. Vater hat eine schöne Stimme. Er singt im Chor unter Hans Schmidt-Isserstedt; Mutter bewundert ihn. Er spielt auch im Quartett. Einmal, mitten im Konzert, riss ihm beim Spielen eine Geigensaite. Alle lachten. Es war sehr lustig, auch das, was gespielt wurde. Ich war glücklich. Mutter bekommt dann einen weichen Ausdruck im Gesicht und lächelt sanft, während sie mit mir hart umgehen kann, zum Beispiel beim Nägelschneiden, oder wenn sie mich zwingt, stinkenden Rosenkohl zu essen, wenn ich Übelkeit verspüre und Fieber im Anzug ist. Wie soll sie das auch verstehen? Sie ist nie krank. Dietlinde sagt: „Mütter sind nie krank. Das hat der liebe Gott so eingerichtet. Wer sollte wohl kochen? Nur dann“, erklärt sie uns auf dem Schulweg, „wenn sie ein Baby bekommen haben, müssen sie im Bett liegen. Dann hat nämlich der Storch sie ins Bein gebissen.“ Meine Mutter ist nicht gebissen worden. Sie lag nur im Bett, weil sie doch das Baby warm halten mußte, wie es die Gänse tun, die Enten und die Hühner mit ihren kleinen Küken. So war das auch bei uns, als mein kleiner Bruder geboren wurde.

„Jungs sind frech“, bedauerte ich Mutter gegenüber, „ich hätte wohl lieber eine Schwester gehabt“.

Aber Mutter hat nun mal eine Vorliebe für Jungs, und inzwischen ist er mir so lieb geworden wie nichts auf der Welt. Er bedeutet mir alles. Ich muß zugucken, wenn er trinkt und schmatzt, wie Mutter ein Läppchen in Kamillentee tupft und ihre Brustwarze abwischt, ich muß riechen, ob er die Windeln voll hat, ob er deswegen so schreit. Mutter ruft mich vom Spielen weg: „Komm schnell hoch! Dieter steht!“ Tatsächlich. Er hat seine Fäustchen ums Geländer vom Bett geklammert und steht, strahlt uns an; seht mal, was ich kann! Wir lachen und bewundern ihn. Er ist der Held des Tages. Abends stehe ich vor dem Gartentor und rufe Vati entgegen: „Dieter steht!“

Herr Götting ist heute sehr spaßig. Wir lernen das Lied von der Vogelhochzeit. Die Rollen werden verteilt. Er holt mich in die erste Reihe, um die zweite oder dritte Stimme zu singen, obgleich ich lieber neben Dietlinde bliebe. Er ruft mich ans Katheder und zeigt mir eine Zigarre: „Lies mal vor, was auf dem Papierband steht!“

„JACOBI.“

Wir lachen. Zigarren riechen nach Opa Reimers.

Ich freue mich auf die Ferien. Was sagt Herr Götting, als die Pause beginnt: „Lilo, besuch mich mal, du bist doch an Bienen interessiert.“ Nachmittags fahre ich mit dem Bus nach Lankow. Er wohnt in einem hübschen alten Fachwerkhaus in der Nähe von der Lungenheilstätte. Er zeigt mir seine Bienen, keine sticht mich. Wir sitzen zusammen im Garten, trinken „Muckefuck“ und essen ein Honigbrot. Seine Frau sagt, ich dürfte Beeren von den Sträuchern essen, so viel ich möchte.

Ich kann mit dem Hund spielen. Zum Schluß gibt Herr Götting mir einen großen Blumenstrauß mit und ein Glas Honig. – Nun muß ich nie mehr lachen, wenn er seine Geige stimmt. Er lächelt. Ich kenn' ihn ja – seit Ewigkeiten – und nicke ihm zu.

Schlimm ist es für uns, mit unserer Lehrerin, Fräulein Warnke, zurechtzukommen. Sie ist streng, zieht die Arzt-Töchter vor, schlägt uns mit einem Lineal auf die Finger, was sehr schmerzt. Natürlich vergessen wir uns und flüstern eine Antwort der Nachbarin zu; schon müssen wir nach vorn kommen und werden hart geschlagen. Ich fürchte mich vor ihr, erschrecke vor ihrer schrillen Stimme, sehe sie nie lächeln. Obwohl sie auch manchmal meine Bilder herumzeigt, sie vor den Kindern lobt, es freut mich nicht. Dann steht sie plötzlich so hilflos vor mir, aber ich habe Angst vor ihr.

Inzwischen wird erzählt, sie sei in einem Nervensanatorium. Unsere neue Lehrerin heißt Fräulein Bredereke. Sie ist jung, aber nicht mütterlich. Sie hat runde, rote Bäckchen, trägt einen blonden Dutt im Nacken. Über ihren Ohren ringeln sich Locken. Sie ist groß, schlank, trägt enge Röcke und bunte Pullover, oft geringelte. Sie versteht Spaß. Wir haben ein besseres Leben mit ihr.

Herr Hildebrandt dagegen ist unbeliebt. Er kommandiert, verteilt Ohrfeigen, batsch – knallt er dir eine ins Gesicht, bloß weil du bei der Rechenarbeit das Datum an die falsche Seite geschrieben hast. Er ist sehr nervös, schimpft und droht mit dem Rohrstock, der unter der Wandtafel neben der Kreide liegt. Ich habe noch heute seine Unterschrift vor Augen. Als ich ihn mal frage, warum es eigentlich Kriege gäbe, sagte er kalt und barsch, die seien nötig und unabwendbar. Ich mache mir Gedanken, die sind bedrückend.

Winterreise und Bimmelbahn nach Schierke

Plötzlich scheint die Sonne wieder. Wir fahren in den Winterurlaub. Das einzige Mal in unserem Leben. Ich höre, daß Mutter in der Schule war und bekomme frei für 14 Tage ab Ende Januar. Wie kommen meine Eltern nur auf diesen Gedanken? Wir verlassen Schwerin sehr früh am Morgen bei strömendem Regen und erreichen Schierke im Oberharz bei Schneetreiben. Aus dem Lautsprecher ertönt der Ruf: „Bitte Türen schließen!“ Der Schnellzug saust ab. Vater geht mit mir durch alle Gänge, durch die schwankenden Ziehharmonika-Verbindungen. Wir setzen uns kurz in den Speisewagen. Das ist die große Welt. Der Ober verschüttet keinen Saft, auch wenn der Zug schaukelt. Ich stelle mir vor, wie verlockend es wäre, im Schlafwagen zu liegen und nach Italien zu reisen. „Ja“, sagt Vater, „später, wenn du älter bist“. Ich guck’ aus dem Fenster. Die Felderstreifen laufen immer mit. Da drängen die Hecken zusammen, auseinander, die Baumreihen. Das alles ist ein Jagen und Davonlaufen, vom Zugfenster aus zu beobachten. Und wenn ich nachher im frischen, gebirgsluftkühlen Pensionsbett liege, dann werden noch eine Weile diese Bilder vorüberflitzen, bis ich einschlafe. Sogar das Hin- und Herschwanken der Eisenbahn werde ich noch spüren; und riechen meine Hände dann nicht immer noch etwas nach Ruß und Eisen? Jetzt sieht es so aus, als hingen tiefe, blaugraue Wolken am Himmel bis zur Erde. „Das sind keine Wolken, mein Kind“, erklärt Mutter. „Das sind die Berge vom Harz“.

Stunden später sitzen wir in Wernigerode in der Harzer Schmalspurbahn. Hier ist es gemütlich, eher wie in einem Zwergenland, so klein. Die Lokomotive sieht aus wie eine Spielzeuglok. Ein Pfiff, und der Zug setzt sich in Bewegung. Gleichzeitig beginnt nun das Bimmeln der Glocke als Begleitmusik, was die Reise noch lustiger macht. Wir fahren ja mitten auf der Straße, an Gärten vorbei, an Häuserwänden, können in die Küchen sehen und bis an die Betten, die zum Lüften im Fenster liegen. Wir könnten auch fast die Wäsche auf der Leine berühren, die – wie Mutter meint – vom Ruß der Lokomotive ganz schwarz würde. Plötzlich ist die Glocke still, und die Lokomotive fährt durch den verschneiten Winterwald bergauf. Sie stöhnt, wird langsam, immer langsamer und ächzt: Tsch – tsch – tsch – tsch, schnaubt und schnauft: „Ich kann nicht mehr, ich kann nicht mehr ...“ Finster ist der Himmel, dunkel am Mittag. Um uns herum wirbeln nur Schneeflocken, als wir in Drei-Annen-Hohne auf dem Bahnsteig stehen und auf die Brockenbahn warten, die über Schierke fährt. Obgleich es aussieht wie in dunkler Nacht, die Lichter im Zug ausgegangen sind, befinden sich Brockenreisende im Abteil. Sie sagen, daß sich das Wetter auf dem Brocken von einer Stunde zur anderen ändern kann. In Schierke angekommen, fahren wir im Bus ganz dicht an Felsen, an den Feuersteinen vorbei, die grauschwarz in den Himmel ragen. Jetzt, am Nachmittag, bescheint die Sonne den hohen Schnee, die weißbepackten, dicht verschneiten Fichten. Wir stapfen hindurch. Leise weht der Wind durch die Zweige und schickt uns eine Hand voll Pulverschnee vom blauen Himmel. Da steht unsere Pension in Oberschierke. Die Luft ist herrlich frisch, sie riecht nach Hochgebirge, nach Freude, nach einer ganz anderen Welt.

Im Speiseraum mit heller Veranda geht es sehr fein zu. Wir sitzen an einem Fensterplatz. Mutter genießt diese Stunden. Sie lächelt, ist fröhlich, macht Spaß mit dem Ober. Dieter freundet sich mit Herrn Süß an, der alleine sitzt. Die Eltern unterhalten sich mit ihm, machen ernste Gesichter, unternehmen eine Wanderung mit ihm. Er ist Jude. Wir wandern bergauf. Im Sonnenschein befreit Mutter sich und uns von Mänteln und Jacken. Wir sonnen uns im Schnee.

Mutter staunt immer wieder über die reichlich gedeckte Tafel, über das Vielerlei an Schüsselchen, Platten, Tellerchen und Gläsern und die zwölf runden, märchenhaft geformten Butterkügelchen. Sie mischt ihren Kaffe mit einem Schuß Kakao aus unserem Kinderkännchen. Sie summt leise vor sich hin, legt ihre Hand auf Vaters Arm, tanzt am Abend mit ihm zu sanfter Musik, während wir Kinder mit Herrn Süß auf dem weichen, buntgemusterten Teppich sitzen und spielen.

An der Dachrinne tauen zehn oder mehr Eiszapfen in der Sonne, die nachts wieder in die Länge frieren. Der Besitzer und Chefkoch des Hauses begrüßt seine Gäste während der Mittagsmahlzeit, kommt lautlos durch die Flügeltür herein und wünscht: „Gesegnete Mahlzeit, meine Herrschaften!" Dieter, der noch nicht recht weiß, was das bedeuten soll, plappert mit rauher Stimme nach: „Mahlzeit, meine Herrn und Schriften". Ob Herr Süß wohl ein Schriftgelehrter ist? Mutter würde ihm so gerne helfen, höre ich, er soll nur bald nach Amerika auswandern. Ob er sich retten konnte? –

Vater hat Zeit. Er zieht unsere Schlitten. Er wandert mit uns, kennt alle Wege. Er ist ja im Harz geboren, in Osterode. Er sagt eines Morgens zum Ober: „Wir melden uns ab für heute. Wir wollen jetzt zum Brocken hoch." Der Kellner meint, daß der Brocken aber seine Launen hätte, man wüßte nie, welche Kapriolen ihm durch den Kopf gingen, welches Unwetter sich um sein hohes Haupt herum zusammenbrauen würde.

Aufstieg zum Brocken

Wir brechen um 9 Uhr auf. Bis zum sogenannten Brockenbett, wo sich zwei Wege kreuzen, ist alles noch in Ordnung, der Anstieg nicht beschwerlich. Es sieht so aus, als würde die Sonne gleich hervorgucken, wie alle Tage hier. Uns begegnen auch noch andere Wanderer, aber plötzlich befinden wir uns im dicksten Nebel, und wir sind und bleiben ganz allein auf weiter Flur. Eng wird der Weg zwischen Felsen und Waldgerümpel, zwischen Baumstämmen und tiefen Erdlöchern. Es fängt an zu schneien. Frau Holle hat wohl sämtliche Federbetten aufgeschlitzt und schleudert uns die Flocken in Kübeln und Wannen entgegen. Die Gebirgsbäche plätschern und gurren unter hohen Schneeflächen. Um uns herum fällt pausenlos der Schnee. Dieter sitzt huckepack auf Vaters Schulter, klammert seine Hände um Vaters Stirn oder Kinn, ist brav und lieb, hat nichts auszusetzen. Aber Mutter knurrt; wir sollten schleunigst umkehren, wir hätten uns längst verirrt und würden im Kreis um den Brocken herumwandern, müßten elendiglich verhungern, verdursten und erfrieren. Vater meint, die Sonne würde gleich durchkommen, je höher wir kletterten. Um mich herum wirbeln nur Schneeflocken und eisige Böen, die bis auf die Haut dringen und mir fast den Atem nehmen. Ich frage mich, warum wir bei diesem Wetter hier hochklettern, da wir nichts erkennen können, kaum uns selber. Die Kälte kriecht durch die Ärmel. Ich habe meinen Respekt vor dem Brocken verloren.

Was ist das? Nachdem uns heftige Stürme von allen Seiten hin- und hergeschubst und unter die Beine gegriffen haben, stehen wir im Nebel vor einer hohen, vereisten Steinmauer. Es ist das Brockenhaus, umgeben von Schneebergen, geschmückt mit unzähligen, riesigen Eiszapfen, und auch uns kommt es vor, als hingen winzige aus unseren Nasenlöchern heraus. „Hier ist ein Klima wie in Island“, erklärt uns Vater. Vor dem Eingang befindet sich ein Holzvorbau, ein Windfang, mit Tannenzweigen ausgepolstert, da riecht es nach Weihnachten. Hier bricht sich der johlende, heulende Sturm, hier können wir uns gegenseitig den Schnee abklopfen, tief Luft holen und erleichtert aufatmen. Vater drückt auf die vereiste Türklinke, Wirtshausluft warm, rauchig-grau schlägt uns entgegen. Hier sind sogar Menschen anzutreffen, nicht wenige. Wir setzen uns an einen der frischgescheuerten Holztische, bestellen, was es hier so gibt: Bratkartoffeln, heiße Brühe oder auch Erbsensuppe. Was ist mit Mutter? Sie zieht ein paar Mal an einer Zigarette! Hast du sie jemals rauchen gesehen? Ist sie so erschöpft? Dann entfernt sie sich nach dem Essen, kommt zurück mit glitzernden Augen. „Na, und? Wo warst du?“

„Ich hab’ einen Schlosser aus Wernigerode gefunden, der will uns nachher mitnehmen bis Schierke.“

Wir haben Glück. Er fährt ganz langsam und vorsichtig bergab, vorbei an einem Postbus, der im Graben liegt und drei anderen Autos, umgeworfen vom Schneesturm. 550 m Höhenunterschied haben wir bergauf unfallfrei überwinden können. Als Andenken bleibt mir eine besenreitende Brockenhexe und ein Stocknagel vom Brockenhotel. Hexe und Wanderstock sind längst verschluckt vom Unwetter der Zeitgeschichte.

Braunlage, jetzt bist du an der Reihe

Nicht weniger wetterwendisch als am Brocken vermischen sich Tiefs und Hochs am Schierker und Braunlager Wurmberg. Was stellen wir fest? Während es in Schierke taut und unsere Schlitten unbenutzt in

der Ecke stehen müssen, schneit es erneut in Braunlage. Der Kellner hat es Mutter erzählt. Ich wäre so gerne noch in diesem schönen Haus geblieben mit der Freitreppe, den Veranden und interessanten Gästen, die zum Essen erscheinen wie zu einem Fest. Manche Damen streifen heimlich ihre Pumps ab und schieben ihre bestrumpften Füße in den warmen, dicken Wollteppichflausch. So gut haben es die Hunde auch. Wir tragen weiche braune Schnürstiefel mit einer noch weicheren Lasche, Marke Elefanten.

Wir ziehen um nach Braunlage, noch für eine Woche. Ein Wintersportort wie dieser fesselt uns sehr. Es gibt eine Rodelbahn mit Restaurant. Da sitzen wir im Dämmern, doch im Licht der warmen Tischlampenbeleuchtung, schauen hinunter auf den Ort, der im blauen Fünf-Uhr-Tee-Schnee liegt. Dann die Abfahrt, und wir landen in der Nähe der rauschenden Bode. Ich darf mir Skier leihen und auf der Skiwiese üben. Auch in die „Tanne“ kehren wir gerne ein. Da ist es gemütlich und fein; dort liegen schöne Teppiche, die Wände sind holzgetäfelt. Wenn wir anschließend wieder ins Freie treten, knirscht der Schnee unter unseren Sohlen. Es friert, der Himmel ist sternenklar und der Wurmberg steht da wie ein riesiger, pelziger Bär und schützt uns vor eisigen Nordwinden.

Ein besonderer Rückblick

Auch zurück fahren wir wieder in Richtung Wernigerode, durch den Tunnel. Mutter flunkert mir vor, wir würden eine andere Strecke benutzen. Ich merke aber, daß sie nicht die Wahrheit sagt und schäme mich. Vater steigt mit mir in den letzten Waggon. Wir gehen durch bis ans Ende und stellen uns vor die Tür. Er sagt: „Siehst du, wenn wir nun durch den Tunnel fahren, kannst du immer noch das helle Tageslicht erkennen. Es wird kleiner und kleiner – so winzig wie ein Schlüsselloch – und schon sind wir durch“. Niemals habe ich mich wieder vor einem Tunnel gefürchtet.

Wie war das im vorigen Frühjahr gewesen? Nach dem Keuchhusten? Da meinte unsere Ärztin, wir sollten diesen Störenfried im Harz zur Ruhe bringen. Ein Anlaß für Mutter, das Kursbuch zu studieren, unseren Schuldirektor aufzusuchen und Vater auf eine Strohwitwerzeit vorzubereiten. Ich erinnere mich gut, über Bad Harzburg sind wir eben frisch eingetroffen und ohne Tunnelfahrt.

Die allererste Harzreise im Rückblick

Wir wohnen in Ilsenburg nahe am Schloß. Die Turmuhr schlägt so besonders schön, auch nachts. Die „Ilse“ rauscht. Der Winter kommt zurück. Es schneit, und stets ist raues Wetter. Mutter gefällt das alles nicht so gut. Ich merke ihr das an; ihr ist der Wald zu dunkel, zu tief und schattig, ihr sind die Wege zu steil, auch für Dieter, der im großen Bett schläft und noch so klein ist. Abends stellt sie drei Stühle vor sein Bett. „Das sind die Gitter. So kannst du nicht rausfallen." Nachts gibt es ein Gepolter, wir wachen auf davon und Dieter ruft: „Mutti, die Stühle sind nun alle bei mir im Bett!"

Endlich scheint einmal die Sonne. Wir wandern hoch, immer höher. Da steht ein Kinderheim. „Was meinst du?" fragt Mutter mich, „würdest du wohl ein paar Wochen hier im Kinderheim bleiben? Dann kann ich mit Dieter bald wieder zu Vati fahren."

„Warum nicht?" Ich wäre wohl bereit. Mutter geht mit uns in den Garten und spricht mit der Leiterin, einer strengen, hageren Frau, die ihr Kinderheim laut anpreist. Dieter spielt in der Sandkiste. Ich stehe abseits, und fühle mich jetzt schon verlassen und in der Fremde. Die Frau mag ich nicht, sie ist nicht mütterlich, dafür zickig. Aber wenn es sein muß ... Wo ist Dieter? Ich störe sicher das Gespräch, platze hinein: „Oh, Mutti, Dieter ist weggelaufen!" Nun rufen alle: „Dieter, wo

bist du?" rennen ums Haus zum Spielplatz, auf die Straße. Meine Sehnsucht nach ihm ist so groß, daß ich etwas wie Verzweiflung spüre. Ist er in die Ilse gefallen? Da unten, wo sie so laut rauscht? Wir verabschieden uns schnell und suchen weiter nach ihm. Da sehen wir Dieter zwischen einem älteren Ehepaar über die Brücke kommen. Er ist es! Er lebt! Die Leute erzählen, sie hätten ihn weinend hinter der Brücke gefunden. Mutter fragt ihn: „Warum bist du denn weggelaufen?“

„Aus Angst! Ich wollte nicht auch noch ins Kinderheim gesperrt werden.“

Bad Suderode

Am nächsten Morgen packt Mutter die Koffer: „Wir wollen jetzt nach Bad Suderode fahren. Da ist es nicht so rau. Es liegt südlicher und freier“. Sie hat recht. Hier ist Frühling, hier wird es schon grün. Wir bewohnen ein schönes Balkonzimmer im Haus „Felsengrund“ nahe am Kurpark. Hier hört man kein lautes Brausen der Ilse mehr. Wir trinken zweimal am Tag Quellwasser, das eklig schmeckt, zu salzig, zu bitter. Dieter macht „brrr“ und spuckt es in den Kies. Auch baden wir im Kurhaus in einer Holzbadewanne oder wandern zum Aussichtsturm und nach Gernrode den Panoramaweg entlang. Mutter gefällt alles; sie ist hier schon als junges Mädchen mit Oma und Opa gewesen. Und wieder fragt sie mich, ob ich es wohl hier gegenüber im Kinderheim aushalten würde? Solange sie es wünscht, bitte, gerne, das Haus hat schöne Balkons bis unters Dach. Dann sitzen wir dort in der Diele, und mein Herz wird mir schwer. Ich bitte: „Laß mir Dieter hier!“ Umsonst. –

Tagsüber spiele ich mit Albert, einem netten neunjährigen Jungen aus Berlin. Er weiß alles, und bald sollte ich berlinern wie er. Nur dieser verflixte erste Abend und die Dämmerung dazu, außerdem das wirklich große Unglück, daß wir hier verdursten müssen ... „Zur Nacht wird mir, bitte, nicht so viel getrunken“, sagt Tante Käte, „sonst puscht ihr ins saubere Bett“. Noch niemals ist mir so etwas passiert! Hier hält mich nichts mehr. Ich laufe nach drüben in die Pension, stehe vor Mutter, bin unglücklich darüber, daß ich sie verärgern muß und bitte: „Laß mich in meinem Bett hier schlafen“, krieche hinein, mach’ die Augen zu, bin selig und traurig und gleich weg und weit über alle Berge. –

Das Kinderheim – eine lange Durststrecke

Am nächsten Morgen reist Mutter mit Dieter ab, Tante Käte weiß Bescheid und ist nicht böse. Ich werde mit Albert vier Wochen lang auf die nahen Berge klettern, werde mit ihm spielen, mich nicht langweilen, werde ab und zu Frieda in der Küche besuchen, meinen Durst heimlich bei ihr löschen und täglich das glatte Treppengeländer hinunterrutschen.

Früh um 9 Uhr gehe ich mit Onkel Fritz, Herrn Elchlepp, zur Post, kaufe mit ihm zwei große Brote, die noch warm sind. Und immer werden Albert und ich auf den Aussichtsturm klettern, die weite Welt beschaulich entdecken, Thale und die Roßtrappe, das entfernte Quedlinburg, Sehnsucht nach Zuhause bekommen.

Sich freuen wie ein Kind

Als ich dann endlich Vater vom Bahnhof abholen kann, weiß ich wieder wie das ist, richtig glücklich zu sein. Bin ich Jahre älter geworden in diesen vier Wochen? Ich sehe wenigstens die Welt ganz anders an, und der Keuchhusten hat sich auch längst von so einem großen Mädchen verabschiedet. Früher, in den unteren Klassen, wie war ich da manchmal dumm gewesen, wenn die Lehrerin fragte: „Wer von euch kann sich seine Schulbücher schon selber einbinden mit dem blauen, roten oder grünen Schutzpapier?“ Mein Arm hob sich. Ich mußte ans Katheder kommen und das Klassenbuch mit dem blauen Papier versehen. Der Umschlag paßte, aber ich hatte die schöne Pause versäumt. Im 1. und 2. Schuljahr fragte die Lehrerin: „Wer von euch kann Blumen pflegen, ihnen frisches Wasser geben, die welken und faulen Blätter entfernen. Wer? Na?“ Mein Arm ging hoch. Die sonnigen Pausen hatte ich verschenkt, besonders im Sommer. Auf dem Pult standen immer frische Blumen. Das Wasser sollte niemals faul stinken, ich streifte schon vorher das Blattwerk von den Stielen. Die Vasen waren schwer, mit beiden Händen mußte ich sie umfassen, mit dem Fuß die Türen zuschlagen, im Waschraum Ordnung schaffen, eine trockene Stelle finden im graukarierten Waffelhandtuch. Danach glitschte ich auf dem glatten Steinfußboden entlang, kaufte mir für 7 Pfennig eine Flasche Kakao und setzte mich zu meinen Freundinnen auf den Rasen, warf den kreischenden Möwen Brotwürfel zu.

Warum sollte ich eigentlich hier im Gras nach einem vierblättrigen Kleeblatt suchen? Ich bin doch glücklich genug. Später, nach zwei Jahren erst, spielte ich Schumanns Kinderszenen. Warum ist nur jedes Jahr, wenn der Flieder blüht, die Zeit so kurz, warum wird uns so wehmütig, wenn der Duft wieder aufbricht?

Wie schön ist die Pfingstzeit, wenn wir mit dem Zug ins Grüne fahren. Eisfähnchen wehen. Für 10 Pfennig halten wir eine der Waffeltüten in der Hand. Die winzigen Fliederblüten saugen wir aus, den Sauerampfer kauen wir. Mutter kocht Spargel, der nur zarte Köpfe hat, legt die heißen Stangen auf eine gerillte Platte und gießt zerflossene Butter darüber.

Krieg und immer noch Krieg

Beim Volkstanz wird Schifferklavier gespielt. Onkel Ernst schenkt mir eines zu Weihnachten. Ich bekomme Unterricht und begleite den Tanz. Ach, das Instrument ist zu schwer, um es oft durch die Stadt zu tragen. Da entschließt sich Mutter, ein Klavier zu kaufen. Sie inseriert in der Zeitung. Bald stehen zwei soeben aufgemöbelte und gestimmte Klaviere im Wohn-Eß-Zimmer, und mein Interesse an Klaviernoten wächst. Das größere Instrument wird wieder abgegeben an Freunde.

Ich bin aus allen Kleidern herausgewachsen. Wir nähen aus Tischdecken und Gardinen neue Kleider, Blusen, Röcke. Unsere Handarbeitslehrerin ist begeistert. Andererseits schreibt mich unsere Englischlehrerin ins Klassenbuch, weil ich unerlaubt auf dem Klavier gespielt habe. Die Mitschülerinnen wollten es doch so, daß ich Walzer spielte, sie tanzten dazu ... sowas?

Ich werde zum Direktor gerufen: Da habe ich doch tatsächlich einen Preis bekommen. Ein von mir gemaltes Bild ist abgedruckt worden zum Thema „Kräuter sammeln“ im „Großdeutschen Kalender“ fürs nächste Jahr. Ich bekomme ihn in die Hand gedrückt, darf mich in den Ledersessel setzen, höre mir eine Ansprache an und betrachte die hohen Gardinenschals. Was ließe sich daraus doch alles nähen ... Der Direktor leitet auch unsere Theatergruppe. Neulich hat er Jürgen Knaak vorgemacht, wie er eine Szene mit mir zu spielen hat. So fiel der Direktor fast auf die Knie vor mir, erhob sich zu seiner beschützenden Größe, umarmte mich, zog mich an sich. Ich sehe abends noch den rotgestreiften Schlips vor mir, sein weißes Oberhemd und ahne etwas von einem Gefühl, das mich am Einschlafen hindern will, weil ich an diesen Menschen denken muß.

Ich hatte Gelbsucht, Hepatitis B, wie manche meiner Mitschülerinnen. „So etwas bringt der Krieg einfach mit sich“, sagt der Arzt. Ich sollte ins Bett. Nach 14 Tagen gehe ich nun wieder zur Schule, aber ich könnte vor Müdigkeit umfallen, den Kopf aufs Pult legen und schlafen. „Was ist mit deinen Muskeln?“ fragt unsere Turnlehrerin. Sie nimmt mich beiseite. „Du warst so gut im Sport. Was ist los mit dir?“

„Ich weiß es nicht. Mein ganzer Körper ist schwer wie Blei. Nach kurzer Anstrengung zittern meine Arme und Beine. Will ich laufen, ist mir, als müßte ich eine Eisenwand vor mir herschieben mit großer Anstrengung, und schwindlig ist mir seit Wochen.“

Komme ich abends nach Hause von Christa, die in der Schweriner Schelf-Stadt wohnt, muß ich mich ein paar Mal ausruhen auf Treppenstufen oder einem Schaufenstersims.

Die Stadt liegt im Finstern, nur durch die Schlitze der Verdunkelungsrollos dringen manchmal Lichtstreifen nach draußen. Die Polizei geht herum, klingelt und ruft „Licht aus!“, wenn da etwas nicht in Ordnung ist. Wir tragen Anstecknadeln an unserer Kleidung, die sind in Phosphorfarbe getaucht, leuchten im hellen Grün. Überall im Gewühl bewegen sich diese Lichtpunkte wie Glühwürmchen. Mutter kann sie nicht leiden, sie wären giftig. Wir rempeln trotzdem auch mit diesen Figuren – Schiffchen, Hasen, Rehen – aneinander. Mutter gibt uns rohe Möhren, damit wir in der Dunkelheit besser sehen können.

Die schöne Zeit am Ziegelsee gehört inzwischen der Vergangenheit an. Glück ist nicht von Dauer, wie die Fliederzeit.

Wir wohnen in einem Neubau im Grünen, ganz für uns allein. Das Haus gehört zum MEW, wo Vater angestellt ist. Wir könnten ihm von einem der vier Wohnzimmerfenster aus zuwinken, auf seinen Schreibtisch gucken, wenn wir es wollten.

Die ersten Steingärten sind angelegt worden, Rosenbeete werden vom Gärtner gepflegt. Wir haben Obstbäume, Beerenobst im Garten, können uns frische Wurzeln und Radieschen aus der Erde ziehen und unter dem Hahn über der Wassertonne gleich abwaschen. Wir sitzen in der Schaukel, essen Kirschen, spucken die Kerne mit Schwung in die Weite. Unsere Gartennachbarn sind der Hausmeister Voss, der auch unsere Zentralheizung bedient, und der Oberingenieur Dr. Lohse, ein Kollege von Vater. Ein armes Mädchen aus meiner Schulklasse ist jeden Tag bei Lohses zum Mittagessen eingeladen. Frau Lohse liebt meinen „süßen“ Bruder, er hätte ein allerliebstes Profil.

Dieters kleiner Freund will bei Gewitter lieber in den Keller, bittet er uns. Er verwechselt den Donnerkrach mit Bombenexplosionen.

Trotzdem siegt Mutter

Mutter hat noch immer Lust zu verreisen, wenn auch auf den Lokomotiven geschrieben steht: „Erst siegen, dann reisen“, „Totales Chaos, dann der Triumph“. Mir wird schlecht, wenn ich das lese. Mutters Parole lautet: „Erst reisen – dann siegen!“

Unsere Sommerreise für dieses Jahr 1943 ist gebucht. Plötzlich wird Vater einberufen in den Krieg, nach Kiel zur Marine. Nun müssen wir ohne ihn in die Ferien fahren, diesmal ins Riesengebirge.

Herr Lohse macht Mutter Vorwürfe. Auf seinen Spaten gestützt, meint er: „Frau Jacobi! Sie verreisen so oft! Sparen sie lieber ihr Geld bis nach dem Krieg." Mutter fragt ihn: „Haben sie den ersten Weltkrieg noch im Gedächtnis? Nach jedem Krieg gibt es eine Inflation, und wir wissen auch nicht, was dann noch von unserem schönen Deutschland übrig geblieben sein wird. Außerdem brauchen wir nachts mal wieder Schlaf!" Ich knuffe Mutter in die Seite: „Er kann dich anzeigen", flüstere ich ihr zu. Sie lächelt: „Er ist harmlos, nur ein Knurrhahn". Ich habe trotzdem Angst um sie. Unsere Lehrerin hat gesagt: „Darauf steht Todesstrafe: Wer den englischen Sender hört, wird umgebracht". Und Mutter tut es mit dem Ohr am Lautsprecherstoff, ganz dicht, daß kein Laut nach draußen dringt.

Das Riesengebirge

Am nächsten Morgen reisen wir ab. Die Züge sind überfüllt. Berlin ist zerstört, besteht aus Staub, Rauch, Ruinen. Die Bahnhöfe sind zerbombt. Es gibt keine gemütlichen Wartesäle mehr. Nichts ist mehr heil und ganz. Die U-Bahn fährt wenigstens an keinen Trümmern vorbei. Die Menschen sind vergrämt. Kein Kind spielt hier. Da steht ein Zug mit Kindern. „Kinderlandverschickung" ruft eine Stimme: „Abfahrt in Richtung Glatz 14:30 Uhr". Vorher setzt sich unser Zug in Bewegung. Dieter und ich spielen „Schiffe versenken". Um 18:30 Uhr erreichen wir Hirschberg. Wir übernachten im Hotel „Drei Berge", das Zimmer hatte Mutter vorbestellt. Wir bleiben hier zwei Tage, sehen uns die schöne Stadt an, die Umgebung, erleben, daß hier Frieden herrscht. Später fahren wir nach Warmbrunn, wo es stinkt, entsetzlich stinkt. „Ja", sagen die Leute, „da hat uns Hitler eine Munitionsfabrik vor die Nase gesetzt". Wir fahren nach „Hain – Himmelreich", dort ist es still und wunderschön im Wald, der nirgends ein Ende nimmt, der in den Himmel übergeht. Hier mögen wir sein, hier bekommen wir noch Torte, keine aus der Natur, dafür aus Pulver hergestellt.

Dann reisen wir weiter nach Krummhübel-Brückenberg und wohnen in Haus „Fortuna". Wir haben die Kirche Wang vor der Tür und die Schneekoppe. Sie liegt zum Greifen nahe. Das denkst du! Die Kletterpartie dauert Stunden. Mutter sagt: „Es reicht", als wir an dem

Punkt angelangt sind, wo keine Bäume mehr wachsen, wo die Koppe kahl und steinig in der Mittagshitze schläft und schnarcht. Das tut der Wind. Wir wandern von einer Baude zur anderen, zur kleinen Teichbaude, zum Schlesierhaus, zur Prinz-Heinrich-Baude.

Sonnenschutzcreme gibt es nicht mehr zu kaufen. Unsere Haut ist verbrannt. Unsere Schuhsohlen sind längst durchgelaufen. Der Schuster hat kein Material mehr, um sie zu flicken. Wir sollten halt barfuß herumlaufen.

Ein Gewitter haben wir hier erlebt, das tobte gewaltig und küselte sich mit Vergnügen um die Schneekoppe herum. Die Wirtin mußte die Kühe losbinden, blieb bis 5 Uhr auf. Unsere Zimmernachbarn schliefen fest. Sie kamen aus Hamburg und hätten, so sagten sie uns, viel, viel Schlimmeres an Lautstärke, an Bombenangriffen erlebt. Sie sind ganz blaß, während wir braungebrannt und erholt herumstrolchen. Sogar den Krieg haben wir vergessen.

Zurück fahren wir nicht wieder über Berlin, dafür über Dresden. Es ist noch nicht zerstört. Wir bleiben den halben Tag, haben Spaß an der freundlichen, singenden Sprache, freuen uns über das wunderschöne Bild dieser Stadt. Dann fahren wir im D-Zug ohne Umsteigen bis Schwerin durch, nehmen eine Pferdedroschke am Bahnhof, und schon erschrecken uns wieder die Sirenentöne. Ich werde traurig. Können wir noch einmal richtig froh werden? Ohne Krieg und schreckliche Nachrichten?

Vater braucht nicht mehr auf ein Kriegsschiff. Er wird Sonderführer, d. h. Lehrer bei der Kriegsmarine, unterrichtet in Mathematik und Physik. Weil aber in Kiel die Marine-Anlagen in Trümmern liegen, sind dafür schnell neue Baracken in Preetz am Lankersee errichtet worden. Hier besuchen wir ihn oft, verleben unsere großen Ferien mit ihm zusammen. Wir mieten eine Ferienwohnung bei Herrn und Frau Sonnenstuhl, wo ein Klavier steht, das ich benutzen darf. Alles ist in der Kührener Straße gelegen, mit einem winzigen Dachstübchen für mich, mit Schnittlauch im Garten. Oft heult die Sirene auf dem roten Dach der gelb angestrichenen Landwirtschaftsschule. Der Krieg wütet Tag und Nacht über Kiel, und die Brände verdunkeln auch tagsüber den Himmel bis zu uns hin. Bei Nordwind liegt die Asche in Herrn Sonnenstuhls Garten. Er war Lehrer und knört so gewohnheitsmäßig und unnötig an allem herum. Darum spricht Mutter von ihm als „Schattenschemel" statt Sonnenstuhl!

Dieter, der Held des Tages

Hier verletzte sich Dieter beim Rollerfahren so unglücklich, daß Vater ihn ins Lazarett brachte. Mit einem schneeweißen, dicken Kopfverband kam er wieder zum Vorschein, der kleine „Soldat Dieter".

Der „Limbdarm"

Als sein Blinddarm, sein Wurmfortsatz, oder „Limbdarm" dran glauben mußte, wurde das in Schwerin gemacht. Es gab noch keine Kinderstation. Er lag bei den Männern und hatte es gut. Nur den Haferschleim, den ihm die Schwester in seinen Mund löffeln wollte, verweigerte er zu schlucken. Er kniff die Lippen zu, sagte „brrrr". Darauf versteifte er sich und ließ niemanden an sich heran. Der Stationsarzt schien ihn besser im Griff zu haben. Er hatte den Wurmfortsatz begutachtet, der nur ein wenig gerötet gewesen war. Er sagte: „Lieber kleiner Dieter, du mußt den Haferbrei essen, sonst wirst du verhungern. Bitte, tu es!“ Dieter drehte sich zur Seite, „brrrr“. Unsere Hausärztin setzte sich an sein Bett, begann: „Mein kleiner Freund, hier: Einen Löffel für Mama ...“ „Brrrr“. „Ja, zum Kuckuck nochmal, was willst du denn essen?“ fuhr sie ihn an. „Leberwurstbrötchen!!“ Das hat ihm Energie gebracht. „Nein“, sagte die junge Schwester, „das hatten wir noch nie verordnet, nee, sowas!“ – Es durfte ihn niemand besuchen, er rief nach Mutti, abwechselnd nach uns dreien. Er war zweieinhalb Jahre alt! So nahmen ihn die Männer zu sich ins Bett. Diese Behandlung schlug gut an. Dieter kam nach einer Woche zurück. Ich stand am Küchenfenster, Mutter trug ihn ins Haus. Wie froh war ich, er konnte gehen und spielen, es war wie früher. Nur als Mutter ihn auf den Topf setzen wollte, weigerte er sich. „Du mußt doch mal!“

„Ja, aber nur Vase! Vase wie die Männer, Glasvase!“

Mutters bestes Stück, die Kristallvase eignete sich wunderbar für unseren Prinzen, einer fast erwachsenen, männlichen Persönlichkeit. „War es schlimm im Krankenhaus?“ fragte ich ihn. „Nö. Immer der Sandsack auf meinem Bauch, der war so schwer“, und er seufzte.

Häusle bauen

An einem Wintermorgen kommt Dieter heulend die Treppe hoch: „Es lupet, es lupet“, und zeigt auf seinen Daumen, der etwas blutet. „Das ist doch nicht schlimm, so ein Geschrei!“ Da fassen Mutters Hände in Blut, als sie ihm seine Pudelmütze abnehmen will, alles voller Blut, die dicke Mütze, das Haar, der Kopf. Sie wickelt ein sauberes, gebügeltes Handtuch darum und fährt schnell mit ihm in der Straßenbahn zur Ärztin. Stunden später sind beide zurück. Sein Kopf ist verbunden, und sein Gesicht sieht so zart, fein und klein aus unter diesem Riesenverband, seine Augen schauen so ernst. Er lehnt sich an mich: „Lala, Lala, komm!“

Die Bauarbeiter am Ende der Straße erzählten Mutter, daß Dieter sich aus einem schön ordentlich aufgestapelten Backsteinhaufen „nur“ einen Stein herausziehen wollte. Schon purzelten eine Menge hinterher. Nur gut, daß er die dicke Pudelmütze auf dem Kopf hatte.

Aufstiegsschwierigkeiten, dreimal plumps!

Erstens: Manchmal denke ich, nichts regt Mutter mehr auf als die Wassertonne im Garten, in die unser Dieter fallen und ertrinken könnte. Wie sollte er jemals da hineingelangen? Sie ist viel zu hoch und unerreichbar. Eines Abends erscheint er quatschnaß in der Küche, verkündet stolz – oder eher betroffen: „Ich bin in die Tonne gefallen". „Wir haben nämlich gewettet, daß ich ein kleines Auto von Peter bekommen soll, wenn ich oben vom Rand der Tonne auf Udo spucken könnte. Da bin ich auf Peters Rücken hochgeklettert. Alles hat geklappt – dann bin ich abgerutscht. Die Tonne hat nur wenig Wasser bei der Hitze."

Unsere Mutter ist enttäuscht. Sie duscht ihn ab und steckt ihn ins Bett – ohne Abendbrot. Wie roh! Dieter ruft nach mir: „Such mir ein Stück trockenes Brot und bring' mir bitte Saft und Wasser. Dann hätte ich auch ertrinken können, wenn man mich jetzt verhungern läßt". Ich hole ihm alles, was er wünscht, und bin vielleicht noch unglücklicher als er.

Zweitens: Als wir 1940 unsere Sommerferien an der Müritz verleben bei Tante Grete, ist es die Schiffsanlegestelle, die Mutter Anlaß gibt zu prophezeien. Ja, dieser lange Bootssteg! Wie leicht könnte Dieter hier mal ins Wasser fallen. Ich passe gut auf unseren lütten Butscher auf. Aber manchmal entwischt er mir doch. Er will auf eigene Faust einmal in einen kleinen Kahn springen, da unten am Steg, wo das Wasser noch flach ist, wo die Wellen leise ans Ufer platschen und kleine Blasen bilden. Da verpaßte er den schaukelnden Kahn, liegt plötzlich daneben, kommt durchnäßt in die Küche, gebracht von zwei großen Jungs, die ihn aus dem Wasser gefischt haben. „Dieter muß nun schwimmen lernen", ist alles,was ich höre. Mutter hat keine Zeit mehr, mit dem Zeigefinger zu drohen. Sie muß Tante Grete helfen und für die Gäste Blaubeer-Pfannkuchen backen. Ich bringe den Besuchern ihre Tasse Muckefuck für fünfzehn Pfennig und verschütte einiges vom Inhalt, weil das Rasengelände so uneben ist.

Jeden Nachmittag, wenn wir die Schiffsglocke hören, laufen wir: der Ober, mein Onkel, meine Cousine und ich barfuß über den oft sonnenheißen Holzsteg und nehmen die Schiffsladung für unsere Waldschenke in Empfang. Torten sind immer dabei. – Die Pferdekutsche mit Bier dürfen wir ebenfalls nicht versäumen. Der Kutscher hebt uns auf den Wagen, knallt zum Spaß mit der Peitsche und läßt uns mitfahren, eine Ehrenrunde durch den Wald.

Drittens: Inzwischen ist aus Dieter ein Schulkind geworden, das sich auch Schlittschuhe wünscht und wir gehen zusammen aufs Eis. Eines Morgens zwischen Weihnachten und Neujahr, als allerlei los ist auf dem Pfaffenteich, fällt er unglücklich auf seinen Kopf, auf die Schläfe. Er verliert ständig sein Gleichgewicht, schimpft mit mir, daß die Leute stehen bleiben, bis ich ihn an den Uferrand treibe, ihm die schweren Schlittschuhe abschraube, ihn die Treppe hochziehe und dazu bewege, mit mir zu kommen. Er stöhnt in einer Tour: „Mein Kopf, mein Kopf!“ Schritt für Schritt stütze ich ihn und liefere ihn endlich bei Mutter ab.

Ein Notarzt untersucht Dieter. „Das Kind hat eine Gehirnerschütterung“, stellt er fest, gibt ihm eine Tablette. Mutter holt Wasser, Dieter verkneift sich das „Brrrr“ und schläft ein. Ich frage den Arzt: „Wird mein Bruder nun immer verrückt bleiben?“

„Niemals, mein liebes Kind. In drei Tagen wird es ihm wieder gut gehen. Er muß nur schön liegen und sich still verhalten.“

Kann ich dem Doktor das glauben nach diesem entsetzlichen Abschleppmanöver?

Ich habe an diesem Abend Chor- und Orchesterprobe, nehme mein Akkordeon und geh’ ins Haus gegenüber. Ich bin traurig wie nie zuvor. „Was ist passiert?“, fragen meine Freundinnen, meine Freunde und stellen einen Notenständer vor mir auf: „Ach, mein armer kleiner Bruder, nun ist er auch noch verrückt geworden“, und ich weine dicke, bittere Tränen, die in das schöne bunte Muster der Ziehharmonika tropfen – eine Weile noch.

Dieter wurde wieder gesund und schüttelte ab und zu seinen Kopf. „Was hab’ ich nur für einen Blödsinn angestellt, als ich im Bett lag, die ganze Tannenbaumbeleuchtung falsch umgepolt.“ Ich war erleichtert.

Im Frühjahr spielen wir wieder Weitball abends vor der Haustür – bis zum Schlafengehen, bis zum ersten Fliegeralarm. „Der Krieg zerrt an unseren Nerven, an unserer Kraft“, sagt Mutter sorgenvoll, fast hoffnungslos. Bloß die Amseln singen wie jedes Jahr.

Kühlungsborn

Trotzdem erlebe ich noch drei Wochen Wiedersehen mit unserer Ostsee-Heimat. Christel Tessenow und ich können zusammen an einem Ferienlager für junge Mädchen teilnehmen. Christel kam vor einem

Jahr aus Rostock zu uns in die Klasse. Sie saß mir schräg gegenüber. Ich reichte ihr meine Hand hin und sagte ihr, ich wäre auch in Rostock geboren, und sie flüsterte mir zu: „Laß uns Freundinnen werden“.

Es ist der 7. Juni 1944. Wir sitzen beide im Zug Richtung Rostock, der über Bad Doberan geht. Dort müssen wir umsteigen in die Schmalspur-Bäderbahn nach Heiligendamm und Kühlungsborn, das

hieß früher Arendsee-Brunshaupten. Unsere Mütter winken uns nach und werden wohl noch länger darüber diskutieren, ob der Krieg nun endlich ein Ende nehmen würde nach der Invasion der Alliierten letzte Nacht. Die hat begonnen, aber wir beide machen uns nicht allzu große Sorgen darüber. Wir hatten genug Schwierigkeiten mit den Vorbereitungen zu dieser Fahrt. Der Krieg ist längst verloren. Das wissen alle und schweigen.

Zwei Stunden später sitzen wir in der Veranda einer großen Villa, es regnet ein wenig. Wir erwarten die anderen Teilnehmerinnen. Es geht einfach zu, wir werden kaum satt, wir spielen, lesen, sitzen am Strand, wandern, singen und erzählen miteinander. Aus sehr verschiedenen Gegenden Deutschlands sind wir zusammengekommen. Mit einem Morgenapell und Roggensuppe fängt der Tag an. Wieder einmal muß ich das Amt der Blumenpflege übernehmen. Wir werden gewogen; ich wiege 45 kg. „Das ist gut“, sagt der Doktor. Wir werden gemessen und „gekämmt“. Ein Mädchen hat Läuse. „Das ist schlecht“, sagt Frau Brümmer und verpaßt ihr einen stinkenden Turban, mit dem sie viele Stunden allein in einer Kammer verbringen muß. Die drei jungen Mädchen aus Hamburg sitzen oft nur im Garten unter den hohen Bäumen, ruhen sich aus im Strandkorb. Sie haben ständig Schmerzen. Ihre Füße und Beine sehen marmoriert aus, wie zerstört, wie zerschossen, lila, rot. Ein weißes Gelee schützt die verbrannte Haut, das zerfetzte Fleisch. „Brandbombeneinwirkung“, sagen sie leise. Ihre Gesichter sind blaß, ihre Augen stehen hervor. Ich knie’ vor ihnen im Gras, wir schweigen. Nein, ins Kino möchte ich heute nicht, auch nicht morgen. Christel ist immer mit dem lungenkranken Mädchen zusammen. Sie treffen sich vor dem Kino mit Soldaten. Davon versteh’ ich nun rein gar nichts. Ich geh’ noch an den Strand, wate durch die Wellen, angewärmt von den Sonnenstrahlen, seh’ länger auf die schnurgerade Linie, wo sich Meer und Himmel treffen, und möchte bleiben bis es dunkel wird.

Besorgnis

Der Winter 1944/45 wird kalt. Der Hausmeister muß die Heizung abschalten. Es gibt nicht mehr genug Kohlen. Wir lassen uns einen Ofen einbauen und holen uns den Zentner Briketts, der uns jetzt auf Marken zugeteilt wird. Mutter nimmt Flüchtlinge auf. Wir rücken näher zusammen. Sie tauscht unser Spielzeug, meine Puppen nebst Puppenwagen, Roller, Dreiräder und alles, was wir entbehren können, gegen Brot und Kartoffeln ein, auch gegen Speck und Leberwurst, gegen einen lebendigen Hahn und Quark. Unsere Flüchtlinge sollen nicht verhungern.

Die Schulen sind ab Februar geschlossen. In ihnen sind die Flüchtlinge untergebracht. Ich muß jeden Morgen zum Dienst antreten, die Flüchtlinge vom Bahnhof in die Unterkünfte bringen. Ich bin längst Führerin und muß die Jüngeren anleiten und verteilen. Mutter weiß es nicht. Sie kocht in einer Flüchtlingsküche und schmiert Brote. Sie tut es gern.

An diesem Morgen muß ich Babyflaschen besorgen mit Sauger und Schnuller. Die Leiterin eines Hotels am Bahnhof gibt mir den Auftrag. Sie hat über 100 Flüchtlinge untergebracht und junge Mütter mit Säuglingen. Ich stelle mich in die Schlangen, renne von Drogerie zu Drogerie. Wenn ich an der Reihe bin, heißt es: „Babyflaschen? Nein, die gibt's nicht mehr.“ Bis 12 Uhr habe ich keine einzige in der Hand. Um 14 Uhr trifft sich unsere Gruppe im Flüchtlingslager Berufsschule. Es wäre dringend, lautete der Anruf.

Im Flur liegt eine Frau auf einer fahrbaren Krankenliege, zugedeckt bis zur Nasenspitze, mit geschlossenen Augen, wachsbleich, sie atmet noch. Ich bin beruhigt. Die Mädchen sind erschrocken, fangen sich aber schnell. Auf dem Schein für den Arzt, den mir die Hausmutter aushändigt, steht als Diagnose: Diphtherie. Ich sehe die Leiterin fragend an, zeige auf die jungen Mädchen. Sie zuckt die Achseln: „Sie muß zum Sachsenberg gebracht werden. Liefert die Patientin im Haus „3“ ab. Sprecht kein Wort mit ihr, berührt sie nicht, kippt sie bloß nicht um! Beeilt euch!“ Beeilen? das ist ein Kunststück! Ganz schwer ist das Vehikel zu regieren, das normalerweise auf Krankenhausfluren zu rollen hat, aber nicht für den Straßenverkehr gedacht ist. Diese Infektions-Notstation liegt am Ende der Welt, weit hinter der Stadt im Norden und gehört zur Nervenheilanstalt Sachsenberg. Wir quälen uns stundenlang bergauf und sind froh, daß wir tatsächlich die Patientin lebendig übergeben können.

Zurück ist die Karre leer, wir finden unsere Sprache wieder, sind erleichtert und rollen zu viert, auf der Liege hockend, bergab. Als wir diesen „Transporter“ abliefern, ist es 21 Uhr. Wir waren 7 Stunden unterwegs, sind durstig und hungrig, können noch lachen, freuen uns auf unser Bett.

Die Fenster sind geöffnet. In mein Zimmer schaut der Frühling hinein. Um diese Zeit brauchen wir nicht zu verdunkeln. Die Sirenen heulen später. Eigentlich hätte ich Grund genug, glücklich zu sein, mutig an das Morgen zu denken, an neue Aufgaben, die wir wieder mit oder ohne Erfolg schaffen werden, wenn nicht die Gegenwart uns so erschreckend die Katastrophe vor Augen hielte. Wie lieb ich mein Zuhause – und draußen auf der Straße ziehen die Trecks vorbei, treiben uns die Tränen in die Augen. Ich liege in meinem schönen, frischbezogenen Bett, hab' vorher noch gebadet ... und ahne nicht, daß in acht Tagen alles verloren sein wird ... und nie wiederkommen soll.

Die letzten Tage

Da! unaufhörlich, Tag und Nacht dieses Pferdegetrappel durch die Hamburger Straße, ein Wagen hinter dem anderen, endlos, langsam, müde. Sie brauchen Wasser, Futter und ein Dach über dem Kopf. Ihre Planen sind kaputt, zerrissen. Es ist ein unbeschreibliches Elend. Immer wieder das Klipp – Klapp der Hufe, es nimmt kein Ende.

Ich würde am liebsten den Klavierdeckel schließen. Wir mögen nicht mehr singen, turnen, spielen. Meine Klavierstunde beginnt gleich. Ich hab' einen weiten Weg.

Ich bin mitten im Vorspielen, da heult die Sirene, jetzt schon am Tage. Nein, in diesem Haus möchte ich nicht sterben. Da lauf ich lieber ganz schnell zurück. Wieder ahne ich nicht, als Ursel Bahlke und ich uns verabschieden, daß es für immer ist, dieses „Ins-Auge-Blicken“ nach einer Klavier- und Gesangsstunde – „Ein Veilchen auf der Wiese stand“.

Alle Freundschaften, alles, alles ist aus und vorbei. Ich renne davon. Die Menschen eilen wie ich, aber hier steht kein Haus, nur eine Fabrik oben auf dem Hügel: „Klingebiel“. Dort wird Munition angefertigt. Kein Mensch ist mehr zu sehen. Ich renne um mein Leben und höre die Flieger. Jetzt stürze ich die Treppenstufen mit drei Sprüngen hinab. In der Öffnung hinter der angelehnten Eisentür wird heftig diskutiert: Es gibt einen Angriff. „Tannenbäume“ stehen schon am Himmel. Wir werfen uns auf den Kellerboden. Der Druck ist zu stark. Die Bomben fallen auf die Fabrik. Sie fallen auf den Flugplatz, wo die schwarzen Rauchwolken auch morgen noch zu sehen sein werden. Die Bomben sind hier und dort gefallen, dann ist schon wieder Ruhe.

Mutter sagt, mit einem Ohr am Lautsprecher: „In Waren an der Müritz sind über 500 Menschen ins Wasser gegangen. Die Russen stehen vor Rostock. Laßt uns zu Vater nach Preetz fahren. Wir kommen zurück, wenn der Krieg beendet ist, vielleicht in acht Tagen. Pack', was du brauchst, in deinen Rucksack, Lilo“. Und dann nimmt sie mir die Hälfte wieder raus. Wir würden bald zurück sein.

Exodus

Endlich setzt sich der Zug in Bewegung – nach drei Stunden Verspätung. Mutter hat nachts noch gebacken, hat den Flüchtlingen erklärt, wir würden acht Tage Vater besuchen, sie sollten es sich überall im Haus so lange schön bequem machen. – Wir sollten nie wieder heimkehren!

Der Zug trägt uns immer weiter fort, über Schwellen und Weichen, tack-tack, weit weg aus unserer Heimat, weg von meinem Akkordeon, das Mutter mir beim Verlassen der Wohnung einfach so aus der Hand gerissen hat. Eben vor drei Stunden. Ich fühle noch sein Gewicht. Sie sagt nur: „Doch nicht für acht Tage, mein liebes Kind!"

Der Zug ist überfüllt und überlang, die Leute unterhalten sich ständig, sind voller Angst. Sie meinen: das Ende mit Schrecken hätte begonnen. Sie malen düstere Bilder aus. Und dabei scheint die Sonne so schön am blau-blauen Mittagshimmel. Dieter wünscht noch eine Leberwurstschnitte. Ich denke an Vati, ob er uns heute wohl noch ein Abendlied auf seiner Geige spielen wird? Er würde uns trösten und beruhigen können. In diesem Augenblick quietschen die Bremsen, wir werden nach vorn geschleudert, unser Gepäck hüpft aus dem Netz. Der Zug hält auf freier Strecke, die Lokomotive läßt zischend ihren Dampf ab. Die Fenster werden runtergekurbelt. Da hören wir schon die Trillerpfeife des Zugführers und seine laute Stimme: „Tiefflieger-Alarm! Alle Mann aussteigen und übers Feld in den Wald laufen! Bitte Beeilung! Schnell, schnell!" Er geht den ganzen Zug ab, schreit und trillert bis er fertig ist. Mutter sagt: „Das hat uns noch gefehlt!" Sie nimmt Dieter an die Hand, sieht mich scharf an: „Du bleibst hier bei den Sachen und beaufsichtigst unser Gepäck!" Schon ist sie im Gewühl verschwunden. Ich renne hinterher bis zur Plattform, sehe sie mit Dieter auf die Schottersteine springen und rufe: „Aber Mutti, was soll ich bloß machen, wenn die Flieger kommen und mich totschießen wollen?"

„Leg" dich unter die Bank dicht ans Heizungsrohr. Da kommt nichts durch, und zieh dir noch einen Koffer davor!"

Schon laufen die Menschen um ihr Leben. Ich verfolge sie mit meinen Blicken und sehe mit an, wie sie ihr Gepäck verlieren, wie sie mit ihren Schuhen im Lehm stecken bleiben. Gegenüber auf der anderen Plattform steht ein altes Ehepaar. „Wir können nicht mehr springen", sagt der Herr zu mir, „sollen sie doch kommen und ballern". Er tut so als wäre er aus Eisen, denke ich – und nehme mir vor, auch so zu werden. Es ist ganz still, nichts ist zu hören als nur das schöne Tirilieren der Lerchen, die sich kreisend und wieder zurückfallend in die Höhe schwingen. Hier über den Feldern vor Lübeck ist es so friedlich.

Brummen in der Ferne wirklich die Tiefflieger, kommen sie angebraust? „Du hörst die Flöhe husten, mien Deern", lacht der Fremde mich aus. Er behält recht. Wir sollten sie noch zu spüren bekommen, die Flöhe, die Läuse, die Kälte- und Hungerszeit. Jetzt ist nur in der Nähe der Schritt eines Soldaten zu vernehmen, der den Zug kontrolliert. In den letzten Waggons liegen Schwerverwundete.

Was sehe ich da? Unten zwischen den Schienen und Rädern leuchtet Dieters bunte Pudelmütze. „Soll ich runterklettern?“ „Laß das man lieber!“ Hör’ ich die Männerstimme von drüben. Als Entwarnung ausgerufen wird und Mutter mit Dieter wieder eingestiegen ist, zeig’ ich ihr, was da unten zwischen den Schienen liegt. „Ich klettere runter und hol’ sie!“

„Du unterstehst dich! Der Zug kann jeden Moment losfahren!“

In Lübeck sitzen wir stundenlang im überfüllten Wartesaal. Mittagessen gibt es nicht mehr. Züge, fahren die auch nicht mehr? Niemand weiß, was los ist. Mutter gibt unser Gepäck bei der Gepäckaufbewahrung ab. Da funktioniert noch alles. Sie will uns Lübeck zeigen. Was wir finden, ist eine zerstörte Kirche, durch die der Wind pfeift, und nur Ruinen. Abends um 20 Uhr fährt endlich der Bummelzug nach Kiel ab. Er schafft es nicht weit, nur bis Eutin! – wegen der schweren Bombenangriffe auf Kiel. Wir irren mit unserem Gepäck durch Eutin.

Wo könnte man übernachten? In der Turnhalle auf Stroh? Das will Mutter nicht, als wir eintreten und betrunkene Männer am Eingang herumlungern. Es ist Mitternacht, und auch hier heulen die Sirenen. Wir sind seit 20 Stunden auf. Eine Frau, die an einem geöffneten Fenster steht, bittet uns herein, weil ihr Dieter so leid tut. Wir dürfen auf ihrem Wohnzimmerteppich schlafen. Darauf schläft es sich härter, als ich dachte.

Ankunft

Mittags um 12:30 Uhr steht Vater auf dem Bahnsteig in Preetz. „Wieso?“, fragt Dieter, „hast du heute einen grünen Militärmantel an?“

„Weil wir noch an die Front sollen. Aber ich glaube nicht daran.“

„Warum, Hans“ will Mutter wissen, „bist du so elend?“

Wir setzen uns auf eine Bank vor dem Bahnhofsgebäude. Wir haben es geschafft. Die Anspannung fällt von uns ab wie eine zu enge Haut. Vater beginnt: „Ich muß euch erklären, was passiert ist“. Er schweigt und sieht uns an, stellt Fragen. Ja, wir erinnern uns an das unverhoffte Wiedersehen vor Wochen, im Winter, als er abends plötzlich in der Tür stand. Er war auf einer Dienstreise von Usedom nach Kiel unterwegs, rutschte im Usedomer Wald auf dem vereisten Weg aus, fiel so unglücklich auf seine Gasmaskentrommel und meinte, er hätte sich wohl zwei Rippen angebrochen. Die Schmerzen waren stark. Wegen der Tieffliegerangriffe – Lokomotivschaden – fuhr der Zug nur bis Bad Kleinen. „Ach“, sagte er sich, „da kann ich schnell einmal Zuhause in Schwerin eingucken und mit dem Frühzug in Bad Kleinen zurück sein.“ Seine Rippen stachen ihn gewaltig. Der Arzt brachte ihn ins Krankenhaus. Als er sich eine Woche später in Usedom zurückmeldete, wurde er sofort verhaftet, vors Kriegsgericht gestellt und zum Tode verurteilt. „Fahnenflucht!“ Stunden vor der Vollstreckung eroberten die Russen das Gelände und befreiten auch die Inhaftierten. Vater kehrte nach Preetz zurück, wo man ihn sehr schätzt. Unser Vater lebt! Wir bleiben zusammen.

Briefwechsel mit Gisela nach dem Krieg

Meine Freundin Gisela schreibt mir im Sommer 1945 aus Schwerin: „Weißt du das schon? Fremde Mädchen laufen in deinen Kleidern herum, und jedesmal hüpft mir mein Herz, weil ich denke, du bist es. Jeden Abend sitzt ein Tommy in deinem Fenster und spielt auf deinem Schifferklavier.“ –

Zwei Monate später teilt sie mir mit: „Jetzt sind die Russen hier. Sie haben Vater eingesperrt und uns das schöne, neue Haus weggenommen. Mutti und ich wohnen nun bei meiner Tante.“

Es folgt mein erster Brief.

„Liebe Gisela, wir leben in einem Barackenzimmer, und weil es das Schneiderzimmer war, haben wir an der Wand wenigstens eine Schere vorgefunden. Sonst sind wir arm wie eine Kirchenmaus, aber nicht mausetot. Darüber sollten wir froh sein, sagt Mutter. Sie hat Vater immer gut versteckt gehalten. So brauchte er nicht ins Lager, wo auch einige seiner Freunde umgekommen sind. Dieter ist manchmal traurig, wenn er an seine elektrische Eisenbahn denkt, an der unser Vater viele hundert Stunden gebastelt hat. Dieter schläft noch auf einem Strohsack. Die Flacksoldaten werden bald dieses Lager räumen, dann bekommt er auch eine Matratze. Er hat sich mit dem Koch angefreundet und organisiert manchmal Nudelsuppe für uns. Sonst müssen wir mittags zum Neuen Schützenhaus laufen und lange anstehen. Es gibt jeden Tag Steckrüben, manchmal Rote Bete, eine künstliche braune Soße, ja, das ist alles. Kartoffeln bekommen wir nicht. Wir haben auch keinen Herd, aber eine kleine elektrische Kochplatte. Manchmal, wenn wir früh genug Schlange stehen, erhalten wir im Hof der Fleischfabrik ein paar Knochen, die kochen wir aus, rühren aus Haferflocken, Wasser und Salz einen Teig an und braten davon Pfannkuchen im Knochenfett. Morgens essen wir Wassergrütze mit Himbeergeschmackwasser, hält nicht vor. Wir haben immer Hunger. Was Mutter nicht gut verknusen kann ist, wenn wir betteln. Die Sache mit den Haferflocken haben wir ihr zu verdanken. Ihr fiel plötzlich ein, daß sie mit der alten Dame von Köln-Haferflocken verwandt ist.

Als in der Kührener Straße an einem Baum geschrieben stand, daß am 28. August ein Lastauto/Holzkohlentyp nach Hamburg fährt, hat sie uns auch angemeldet. Zuerst haben wir Freunde aufgesucht und ihre schöne Villa auch bald zwischen den Trümmern gefunden. Wir waren kein bißchen neidisch, plötzlich wieder in eine normale Wohnung zu kommen. Der liebe Onkel war die letzten Jahre während seiner KZ-Haft schwer erkrankt, er sah so kümmerlich und gelb aus, abgemagert und schrumpelig. Wir bekamen zwei Oberhemden von ihm. Für Vater sind sie zu lang, zu weit, so trage ich eines davon als Nachthemd. Das andere haben wir eingetauscht gegen 10 Brote.

Bei der Tante in Elmshorn gab es ein zweites Frühstück und die Zusicherung von einigen Haferflocken-Paketen in Zukunft. Bei anderen Freunden wurden uns kleine gestreifte Handtücher und zwei größere geschenkt. Auf dem Laster war es abends lausig kalt. Wir wikkelten uns in die Handtücher ein."

Winter 1945

„Liebe Gisela! Im Herbst 45 haben wir im Kührener Wald eine kleine umgestürzte Fichte entdeckt. In dieser Nacht wollen wir los und sie zersägt auf unserem Bollerwagen heimlich, still und leise in unseren Holzverschlag bringen. Dieter hackt gerne Holz, aber einmal hat er seinen Daumenballen getroffen. Weil der Arzt die Wunde aus einem besonderen Grunde nicht nähen konnte, behält Dieter nun eine dicke, wulstige Narbe.

Unser Ofenrohr läuft ganz dicht unter der Zimmerdecke entlang. Haben wir genug Holz, fängt es an zu glühen, und die Bude wird mollig warm, stinkt etwas nach heißer, glühendheißer Pappe. Das alles erschreckt Besucher, die wollen löschen, aber Wasser gibt es nur in der übernächsten Baracke, auch nur eisigkaltes. Vater und unser Nachbar wollen noch vor dem Wintereinbruch ein Wasserrohr legen. Dann haben wir es gut!

Der Leutnant hat mir das Klavier aus dem Kasino geschenkt. Es steht neben meiner Koje. Die Bettbezüge sind blaukariert. Jetzt schon ist es hier zum Erfrieren kalt. Wir denken nicht an Schwerin. Mutter sagt, das schadet uns nur, wir wären alle zusammen, das ist „Glückes genug“. Siehst du, nun denke ich doch an die Noten von Robert

Schumann, die noch auf unserem Klavier liegen und an die Briefe von meinem Brieffreund aus Dresden."

Preetz – zweite neue Heimat ?

Preetz im Mai 1946. „Liebe Gisela! Nach Weihnachten sollte hier endlich wieder die Schule beginnen. Drei Tage später wurde sie erneut geschlossen. Es war kein Heizmaterial mehr vorhanden. Aber dann, als die richtig knackige Kälte einsetzte, kam in die Zentralheizung wieder Leben.

In unserer Barackenstube glühte das lange Ofenrohr unter der niedrigen Zimmerdecke. Ich machte mich auf den Schulweg, stapfte mit meinem einzigen Paar Halbschuhen durch die Schneeverwehungen und holte mir schon gleich nasse Füße dabei. Hier und dort wurden die Fensterläden geöffnet, wurde der Eingang frei geschaufelt. Die Baracken lagen da, bis an die Nase zugeschneit, friedlich und still in ihren frischen, weißen, sauberen Winterbetten.

In der großen Pause stieg mir der Duft von Leberwurstbrot und Rotwurststullen unter die Nase. Die Jungs vom Lande waren am Schmausen. Ich hatte nur Grütze mit Fruchtgeschmack-Saft zum Frühstück gegessen und schon wieder einen leeren Magen, der mit dem kräftigen und würzigen Rauch-Aroma schlecht fertig wurde. Er knurrte nicht nur, er wollte wohlmöglich anfangen zu bellen und in seiner Verwirrung wie ein bissiger Hund zubeißen. Da lief ich doch schnell mit den Schülern zum Kirchsee und schlitterte auf dem Eis, bis es wieder zum Unterricht läutete. Danach sahen wir nur in lustige, gerötete Gesichter. Auch unser Lehrer konnte sich das Grinsen nicht verbeißen. Immerhin waren wir aus dem Spielalter herausgewachsen.

Erst Wochen später, als der Schnee langsam taute, gab der Schneemann unter dem Walnußbaum seine stramme Haltung auf. Er verlor nach und nach seine Arme, der Regen lief ihm über sein Gesicht, er weinte sich die Augen aus, die Stein von Stein sich wieder zu ihrer Sippe hinkugelten. Umgeben von eingeschrumpften, vereisten Schneebergen legte sich der ausgemergelte Eisklumpen dazu. Aus diesen Resten formten die Jungs stahlharte Kanonenkugeln und warfen sie hinter uns her. Die Tür stand noch weit auf, da traf mich vom Eingang her ein scharfes Geschoß direkt ins rechte Auge. Ich sank, wie der Schneemann, in die Knie und fand mich am Boden wieder. Blutig entstellt wurde mir von Herrn Muhs ein schneeweißer Verband angelegt.

Der März zeigte sich schon an neun Tagen fast sommerlich warm. Am letzten Sonntag von dieser Sorte wurde ich konfirmiert. Wir aßen unseren Kuchen, den Mutter aus schwarzem Kaffee-Ersatz gebacken hatte, draußen im Sonnenschein vor der Baracke und gaukelten uns vor, er wäre mit Bitterschokolade vermischt worden.

Ich mußte daran denken, daß ich an ähnlich warmen Frühlingssonntagen in Schwerin Blumen in Häuser zu bringen hatte, die mir eher fremd waren. Mutter hatte mir den Auftrag gegeben. Ingrid, Hannelore oder Anneliese wurden konfirmiert, standen ganz verändert, schwarzgekleidet wie ihre Großmütter in der Tür. Ich durfte mir ihre Unmengen von Geschenken betrachten, sah Hitlerbücher zuoberst liegen, fragte mich, was sie da feierten, Verlobung ohne Bräutigam? Das Stück Butterkuchen nahm ich in die Hand, knickste und verschwand.

Nein, Silberbestecke und Bettwäsche mit Monogramm, das alles konnte mich nicht begeistern, auch die Gesellschaft nicht, die in verrauchten Räumen trinkend, zuprostend, schmatzend und schwitzend auf ihren Stühlen saß, während draußen die Sonne schien und die Hecken grüne Spitzen bekamen und die allerersten Gänseblümchen mich unterwegs anlachten.

Nun feierte ich selber meine Konfirmation, noch dazu in der Fremde, wo kein Mensch aus unserer Verwandtschaft eintreffen konnte. Ich trug mein dunkelblaues Schulkleid. In der Kirche saß ich zwischen meinen neuen Freundinnen und Freunden und erlebte mit ihnen zusammen eine Friedensfeier.

Auf meinem kleinen Tisch neben dem schmalen Spind blühten 50 rote Rosen in einer Vase von Ernst Gerdes. Darunter lagen wohl 50 Briefe und Karten, die mir sagten, welch ein Reichtum an Freundschaften mir hier schon geschenkt worden war. Meine Freundin Brigitte Protz legte mir ein kleines handliches Neues Testament dazu. Einige Bücher stapelten sich daneben auf: Alte Bildbände, Kunstkarten, Noten und Biographien, ein zwei Meter langes Stück Stoff aus Zellwolle, das es in Kiel auf Bezugschein zu kaufen gegeben hatte (... das später noch dreimal innerhalb unserer Familie seinen Besitzer wechselte, bis wir einsehen mußten, daß es wirklich zu nichts anderem taugte, bloß als Unterlage beim Bügeln ...).

Vom Bäcker gab es ein Brot – extra! – vom Lehrer fünf Pfund Kartoffeln und ein Buch über J. S. Bach, von Freunden zehn Eier und ein Glas mit Kirschen. Abends lag ich dankbar in meiner Koje, sah in den Sternenhimmel, der nach Jahren nicht mehr mittels eines Rollos abgedunkelt werden mußte. Ich horchte froh in die Stille."

Juni 1946. „Ich kann es nicht glauben, Gisela, wir ziehen am 1. Juli nach Osterode. Vater bekommt hier nirgends eine Anstellung. Und dort hat er vielleicht etwas in Aussicht. Es ist schlimm. Hier müßten wir verhungern, so sagt Mutter. Aber ich habe hier doch inzwischen Freunde gefunden, und Schleswig-Holstein ist wirklich ein schönes Land.

Jeden Abend sind wir jetzt irgendwo eingeladen, bei den Nachbarn aus Köln, bei meinem Schuldirektor, sein Sohn ist mein Freund, bei Gisela von Bohlen, der Gemeindehelferin, bei Probst Kobold, bei Lehrer Schütte, und überall muß ich mich zusammennehmen, meine Traurigkeit verscherzen. Überall wird uns eine Schale mit Erdbeeren angeboten, bei dem Arzt Dr. Gründler, dessen Sohn Gerd mit mir musiziert hat, bei Dr. Peters, dessen Sohn mit Vater zusammen Mathematik und Elektro-Technik gepaukt hat, bei Ernst Gerdes, dem Jungen von der Fleischfabrik. Ach, er schenkte mir jede Woche 50 Rosen aus dem Gewächshaus seiner Mutter, damit meine Barackenbude etwas Farbe bekomme. Alle, alle Freundschaften zurücklassen, ach Gisela, muß das sein? Ja, das Kofferpacken muß jetzt sein. „Erster Verlust" von Schumann kann das doch wohl nicht ganz ausdrücken.

Ich drück' Dich herzlich, Deine Lilo, Lindenstraße, Baracke 5."

Oder – Osterode ?

„Liebe Gisela! Der Abschied von Preetz war schwer. In der letzten Woche vor der Abreise ging ich von Baracke zu Baracke und sagte den anderen Flüchtlingen „Lebewohl". Alle meinten, es würden nun bessere Zeiten für uns kommen.

Es war ein schöner Sommermorgen, als ich das Bettzeug zusammenlegte, dieses blaukarierte. Es gehörte ja dem Militär. Den Klavierdeckel schloß ich ab, das war mir am schwersten. Mutter sagte: „Wie sollen wir das wohl transportieren?" So blieb es zurück.

Leer wirkte meine Bude, und in mir selbst sah es ähnlich trostlos aus. Auf dem Bahnsteig in Preetz standen sie, meine Freunde. Der Posaunenchor spielte Choräle. Wir umarmten uns, und plötzlich war ich bepackt mit Abschiedsgeschenken, mit Umschlägen, Bildern, Fotos und ganz zum Schluß, als ich schon auf meinen Sitzplatz zugehen wollte, kam Herr Muhs, unser Schuldirektor, auf mich zu und überreichte mir einen Abschiedsbrief. Der Zug fuhr an. Er und etliche von den Freunden blieben bis Kiel sitzen, weil sie ihren Spaß daran hatten. Ich selber mußte auch darüber lächeln, denn normalerweise verabschiedet man sich auf dem Bahnsteig und winkt dem fahrenden Zug nach. So war es dann auch auf dem immer noch zerbombten Kieler Bahnhof. Ich heulte erst später. Wenigsten hatten die Züge keine zersplitterten Fensterscheiben mehr.

In Goslar übernachteten wir bei Vaters Freunden. – Osterode war

eine Enttäuschung. Mutter brach regelrecht zusammen, obgleich sie doch sonst so tüchtig ist und jeder Situation gewachsen scheint. Vater sagte: „Sie berappelt sich wieder“, und gab sich selber die Schuld, weil er keine bessere Unterkunft gefunden hatte. Wir wohnten in der ersten Etage zum Hinterhof und zur Katholischen Kirche hin. In einem Zimmer, einem schmalen Schlauch, schliefen meine Eltern, Dieter und ich im Wohnzimmer auf dem Sofa und einer Chaise. Als meine Mutter die Wirtin nach der Toilette fragte, sagte diese sehr einfache Frau zu ihr: „Ach, setzen sie sich man in die Hucke im Kuhstall bei der Kuh hin, die tritt alles schön durcheinander. Am besten sie wechseln vor dem Stall die Schuhe. Sie können gerne meine Holzpantinen benutzen, die stehen gleich am Eingang“. Als Mutter ganz dumm guckte und zugab, daß sie für solche Übungen kein Talent hätte, beruhigte die Wirtin Mutter und machte ihr den Vorschlag: „Sie können aber auch drüben neben dem Stall durch den dunklen Gang gehen, der ist zwar immer finster, elektrisches Licht gibt es dort nicht, und schon werden sie entdecken und hören, daß hier die Aue fließt. Darüber müssen sie ihren Po halten, was außerordentlich praktisch ist, denn die schnell fließende Aue wird ja alles wegspülen und fortreißen, was nun einmal dort hineinfällt. Darum muß man auch immer darauf bedacht sein, was man so an und bei sich hat. Die Aue ist konsequent und macht rein Schiff", beendete sie ihren Vortrag.

Mutter ging dann jeden Tag aufs Wohnungsamt und erkundigte sich nach einer besseren Behausung. Gleichzeitig benutzte sie dort das WC. Mein Bruder hatte in der Sparkasse eine Spültoilette ausfindig gemacht und war aus diesem Grunde manchmal stundenlang verschwunden. Ich ging jedesmal im Krankenhaus aufs stille Örtchen, wenn wir mittwochs und samstags auf den Stationen singen mußten. Die Schwestern geben uns manchmal Kekse. Was willst du mehr?

Mittwochnachmittags um halb 5 Uhr treffen wir Jugendlichen uns vor dem Schützenhaus. Dann wird Magermilch ausgeschenkt, pro Person 1/2 Liter. Manchmal müssen wir lange anstehen und warten. Sabine meint: „Die da drinnen werden wohl erst einmal den Wasserhahn aufdrehen und die Milch verdünnen". Hier sind wir nicht mehr so ganz und gar am Verhungern. Es gibt Kartoffeln, und Vater fährt jede Woche mit einem geliehenen Fahrrad über Land und hamstert Speckschwarten.

Jetzt im Oktober, während der Herbstferien, habe ich oft Besuch aus Preetz. Jochen brachte für sich und uns frische Walnüsse vom Schulhofbaum mit; dafür schleckerte er heimlich von der Sahne unserer Wirtin. So etwas würde uns nicht im Traum einfallen, denn den Flüchtlingen sagt man gerne nach, daß sie diebische Elstern wären. Vom Schlachter Mellinghausen würde ich schon mal ab und zu ein Stück Wurst zugesteckt bekommen, aber er verlangt einen Kuß von mir vor allen Leuten. Ich werde mich hüten und lieber Brot mit Zwiebel-Magermilchaufstrich essen, den Mutter jeden Tag in alter Güte herstellt. Nur das Ergebnis ist für sie nervend: die Brotmarken reichen wieder nicht für solch einen schmackhaften Aufstrich.

Mit Jochen Muhs und unseren Preetzer Freundinnen sind wir jeden Tag gewandert. Sie meinten, es wäre doch ein Glück, daß ich ihnen so großartige Harzer Berge bieten könnte, und langsam würde sich die Sehnsucht nach Preetz auch legen – wie der Sturm nach einem Gewitter. Herr Muhs steht mit mir im Briefwechsel. Das soll auch so bleiben bis ans Ende unseres Lebens.

Rechtzeitig zum Herbst sind wir letzte Woche umgezogen in den Gipsmühlenweg. Gipsberge kommen hier überall am Harzrand vor.

Weiße Kreidefelsen geben ein schönes Bild. Es dröhnt und knallt wie im Krieg, wenn plötzlich das Gestein gesprengt wird. Die Gipswerke gehören der Familie Schimpff, Verwandten von uns. Eine Tochter ist in meinem Alter. Wir mögen uns und haben Spaß zusammen. Wenn Helga irgendwo auftaucht, ruft sie lachend: „Hier sind wir: ‚Schimpf

und Schande‘!“ Ich soll mal Tag und Nacht bei ihnen bleiben in dem vornehmen Haus mit großen, moosweichen Teppichen, auf denen es sich so schön barfuß laufen läßt. Aber ich scheue mich. Flüchtlinge passen vielleicht nicht so gut dorthin.

Nach den Sommerferien fing das neue Schuljahr an, auch für mich im Luisen-Lyzeum in der Scheffelstraße, in einem uralten Fachwerkbau, ebenfalls mit Plumpsklo auf dem Schulhof, mit überfüllten Klassenräumen, mit Kachelofen in der Ecke, knarrenden, dunkelgrauen Holzdielen und engen Schulbänken. Von Direktor Böttger wurde ich auf einen Platz verwiesen in der vordersten Sitzbank neben der Tür, ja, der eigentlich gar kein richtiger Sitzplatz war, weil er nun als dritter gelten mußte in einer Zweierbank. Das hingegen trieb unsere Englischlehrerin in einen Wutanfall hinein und zeigte mir diese strenge Miss Gehrke nicht gerade von nobler, humaner Seite. Sie zischte mich an, was ich hier zu suchen hätte als Dritte in einer Schulbank? Das wäre gar nicht erlaubt, Flüchtlinge hätten lieber dort bleiben sollen, woher sie gekommen sind. Ich wagte dann zu erklären, daß mein

Vater hier auf dem Gymnasium gewesen wäre, z.B. mit Zahnarzt Peters zusammen, der ein guter Freund von ihm ist.

Im nächsten Schuljahr sollen wir den „Lüttjen Piep“ in Englisch bekommen. Er ist klein und wendig, soll sich während der Englischarbeiten auf einen Tisch stellen, um Zettelschmuggler sofort ertappen zu können. Er unterrichtet vor allem die Jungs im Gymnasium. In den Pausen müssen einige unserer Studienräte im Laufschritt die Schulgebäude wechseln. Daher hat auch Dr. Nieschmidt seinen passenden Spitznamen „Nurmi“. Er ist der Vater meiner neuen Freundin Eva-Maria, die sehr spaßig mit ihm umgeht. Ihr Freund, Heinrich Smolka, hat sich neulich im Musikunterricht von seiner witzigsten Seite gezeigt. Der neue Musiklehrer, Herr Pache, forderte jeden Einzelnen zum Vorsingen auf. Manche sangen ein

Volkslied, andere ein Kunstlied. Es war interessant, was da zum Klingen kam. Als sich Heinrich – er ist der Primus – in voller Länge erhob, fing er an im tiefsten Baß, nach einer russischen schwermütigen Melodie laut und ernst zu singen: „Zieht euch warm an, zieht euch warm an, denn die Kälte greift den Darm an ...!“

Ich bin manchmal bei Nieschmidts eingeladen – zum Sattessen. Sie bekommen regelmäßig Care-Pakete von Verwandten aus Amerika. Mutter, wie wir sie kennen, horcht auf, denkt nach und entdeckt, daß sie doch auch eine Freundin hat, die in Chikago wohnt. Evas Verwandte, sind die wohl so nett und sehen im Telefonbuch nach? Ja, sie machen sich an die Arbeit, aber unter der Bedingung, nur die ersten 200 zu untersuchen, die dort unter dem Namen „Möller“ aufgeführt sind. Ein Wunder! Gustav Möller, jetzt der Amerikaner „Gus“, wird gefunden, und wir haben schon ein Paket erhalten mit Kaffee, Kakao, Käse, bunten Unterhosen, die wir alle tragen, natürlich in grellen Farben, auch mit einer Schachtel Zigaretten, die Vater wohl gerne hätte. Sie wird eingetauscht gegen Lebensmittel.

Bei Eva bin ich gern. Es ist gemütlich in ihrem Haus. Im Eßzimmer tickt eine Kuckucksuhr.

Unser Klassenlehrer, Herr Grönig, ist ein besonders netter Mensch. Er gibt auch Zeichenunterricht neben Deutsch, ist Künstler und fesselt uns mit jedem Wort, das er ausspricht – in einem bemerkenswerten Harzer Dialekt. Seine Denkweise ist tief. Mit Margret, seiner Tochter, bin ich nun auch befreundet. Wir sind beide beglückt darüber.

Du siehst, Gisela, aus anfänglicher Traurigkeit wächst schon wieder Gutes, wie das erste Grün vor eineinhalb Jahren, als wir beide uns zuletzt gesehen haben. Ich singe auch hier wieder im Chor, das heißt: in mehreren Chören, im Kirchenchor, Jugendchor, Schulchor und in der Musikgemeinde. Wir studieren den „Messias“ von Händel ein. Ich gehe in den Jugendkreis und habe wieder eine Gruppe im Kindergottesdienst zu betreuen. So bin ich immer unterwegs, bergauf, bergab die Petersilienstraße, den Rollberg entlang und sinke abends müde in mein kuhliges Bett, worin Urgroßtanten von mir geschlafen haben, höre Dieter schnarchen und mit den Zähnen knirschen. Auf dem Kleiderschrank von Tante Lene liegen grüne Birnen aus Herrn Knoches Garten. Ich beiße noch in eine hinein.

Unsere neue Wohnung ist nicht von bester Güte. Aber wir sind glücklich darüber. Der Hausbesitzer, Herr Knoche, ist der Vater von Karl Knoche, einem Studienfreund meines Vaters. So ein Zufall! Herr Knoche, der Witwer, hat nochmals eine Frau geheiratet, eine winzige, süße, trippelnde Person. Jedoch, sie ist eine kleine Hexe. Nun sind wir ganz aus dem Häuschen und wohnen in einem Harzer Fachwerk-Knusperhäuschen, das fast jedesmal zusammenfallen will, wenn auf dem nahen Bahndamm, der wie ein kleiner grüner Deich gleich hinter dem Hause aufragt, ein Personen- oder Güterzug vorbeirattert. Wenn ich im Zug sitze, was gestern vorgekommen ist, kann ich unsere Vorküche sehen, auf den sonnenbeschienenen Tisch und auf die Betten im Schlafzimmer. Es gibt hier einen Kleinbahnhof, einen Bahnhof und einen Südbahnhof. Weil wir im Norden von Osterode wohnen, lohnt sich eine Fahrt zum Südbahnhof. Ich wundere mich darüber, daß mir manchmal die Beine versagen, weiß nicht warum, dann fahr ich.

Wir wissen immer, wie spät es ist, wenn ein Zug lärmend vorbeirattert, auch, wann es Zeit zum Aufstehen ist. Onkel Otto gab uns eine alte Wanduhr. Sie gongt!

Mutter hat ihre goldene Armbanduhr, ein Verlobungsgeschenk, leider versetzt, beim Engländer, noch in Preetz, eingetauscht gegen Lebensmittel. So sind wir nicht verhungert. Sie hatte Angst vor den Kühen auf der Weide, während wir anderen wenigstens im Herbst die reifen Brombeeren von den Hecken in den Mund sammeln konnten.

Auch hier bei Knoches gibt es wieder nur ein Plumpsklo, das, wie Frau Knoche uns warnte, im Winter von einer Eisschicht bedeckt sein wird, die man am besten mit einer Kerzenflamme erwärmen sollte. „Aber aufpassen!" starrte sie uns an durch ihre dicken Brillengläser mit schönen, tiefblauen, großen Augen, „daß ihr mir nicht das ganze Haus in Brand setzt! Das hat viel Holz in sich". Und ich dachte, sie hat doch ein gutes Herz. Sie will nicht, daß wir mit unserem Po anfrieren. Also, das Toilettenkabinett befindet sich am Ende des winzigen Hühnerhofs. Wollen und müssen wir es aufsuchen, springen wir zuerst die krumme Holztreppe hinunter. Darüber beschwert sich Frau Knoche. Aber sie hat dummerweise den lärmdämpfenden, roten Treppenläufer entfernt, das alte Ding! Es wäre zu schade für uns Flüchtlinge! Wir hätten man besser beim Russen bleiben sollen!

So: dann müssen wir mit einem Riesenschlüssel die Haustür aufschließen, was bis in die entfernteste Ecke jeder Stube dröhnt, gehen weiter um den schönen holzverzierten Hauseingang herum durch den Garten bis zum Holzschuppen, öffnen eine einfache Holztür, stoßen sie mit dem Fuß wieder zu, denn die Hühner dürfen nicht raus. So gleiten wir schnell auf dem von Hühnerschiet bekleckerten, glitschigen Steinboden zum Klohäuschen, öffnen eine schwere Brettertür, und siehe da, hier erklimmen wir eine hohe Stufe und landen dann auf einem blankgescheuerten, rotbraun angestrichenen, eiskalten Thronsitz, geräumig genug, um Mantel und Schirm abzulegen. Links liegt ein maßgeschneiderter Zeitungspapierstapel, in dem und aus dem man leider keine Zeile lesen, auch kein Rätsel lösen kann, denn hier ... ist es stockfinster. Am besten, man läßt die Tür auf und Licht und Luft herein und verläßt diesen herzlosen Ort wieder so schnell wie möglich. Rechts liegen Kerze und Streichhölzer bereit für schlimme Wintertage.

In der kleinen „Puppenküche“ befindet sich nur ein alter, unbrauchbarer Kohleherd und ein Wasserhahn mit Ausguß, den Dieter gern für andere wichtige Zwecke entfremdet, um einen Weg durch die Kälte zu sparen, was Mutter wiederum mißbilligt und mit erhobenem Zeigefinger verbietet.

Der Balkon, ein kunstvolles Schnitzwerk, ist schmal, über zwei Meter lang, und unser ganzes Glück. Nur, so besonders sicher fühlen wir uns nicht auf ihm. Er ist labil. Er wankt und wackelt in sich, er zittert und schwankt wie ein Kahn, wenn die Züge über den Bahndamm donnern. Sollte er eines Tages unter unserer Belastung und infolge dieser ständig wiederkehrenden, eisenbahnpünktlichen Erdbeben völlig zusammenbrechen, wäre das kein Wunder. Darum bieten wir ihm nicht mehr als zwei Personen zur Zeit an. Diese aber können den Ausblick genießen – wie jetzt – auf die hohen, buntgefärbten Kastanien, auf den Garten mit seinen letzten Rosen. Du gehst durch einen Rosenbogen hindurch und öffnest die Pforte, siehst durch die Kastanienzweige hindurch auf die provisorische Holzbrücke, die über die Söse führt. Wie sie rauscht bei Regenwetter und hochspritzt, die Felsensteine in ihrem Bett hastig umspült, kannst du dir das vorstellen, Gisela? Und in Zeiten der Schneeschmelze soll sie sogar so stark ansteigen, daß sie dann über die Mauer läuft, springt, spritzt, schwappt und sprudelt, hat uns Herr Knoche erzählt. Er hat auch Vater erlaubt, daß er den Balkon mit zwei Baumstamm-Säulen abstützen darf.

Weil wir noch kein Radio besitzen, hat er ein Loch durch die Zimmerdecke gebohrt und uns einen Lautsprecheranschluß ermöglicht. So können wir manchmal sein Programm genießen, und Knoches können unsere Unterhaltung mithören, was für die alten Herrschaften vielleicht sogar von besonderem Reiz sein wird, während wir oft enttäuscht sind über Knoches Musikgeschmack. Wird Bach gespielt, knacks ist der Ton weg.

Mutter kann jetzt endlich wieder selber kochen. Verwandte haben uns ein zweiflammiges Gasherdchen geschenkt. So können wir uns die Lauferei zum „Gasthaus zur Tanne“ ersparen, wo auch noch andere Flüchtlinge mittags in der dunklen Gaststube erscheinen. Oft ist Pastor Anger anwesend, unser Jugendpastor, der dann bei uns Platz nimmt. Seine Frau und sein fünfjähriger Sohn sind vor seinen Augen erschossen worden.

Nachdem wir uns nun wochenlang gegenübersitzend unterhalten und unsere Plürrsuppe ausgelöffelt haben, hat er neulich meinen Vater um die Hand seiner Tochter angehalten. Dann fragte er mich lächelnd, ob ich seine Frau werden wollte. Ich brauchte keine fünf Sekunden, um ihm zu erklären, daß ich noch zu jung sei um zu heiraten. Verstehst du das? Ich mag diesen guten Menschen nicht kränken, aber peinlich bedrückte mich sein Anliegen doch.

Eben waren wir beide noch Kinder, Gisela, und plötzlich treten Menschen mit diesen Fragen an uns heran – viel zu nahe.

Auch der wirklich nette Soldat in Preetz, der jeden Samstagnachmittag ein frisches Brot brachte, zehn Wochen lang, für ein Oberhemd, das Mutter zum Tausch angeboten hatte. Ja, dieser junge Mensch stellte dann ähnliche Erwartungen an mich. Er wollte sich auf der Stelle mit mir verloben. „Ich bin doch noch Schülerin", sträubte ich mich – schloß mich ein, hörte ihn in seinen schweren Stiefeln auf dem Sandweg davongehen und fühlte mich frei und froh wie vielleicht der Vogel in der Birke vor meinem Fenster.

In Preetz gingen zuerst noch Soldaten abends, nachdem Zapfenstreich geblasen worden war, von Baracke zu Baracke und schlossen die Fensterläden. Hatten sie denn nicht mitbekommen, daß der Krieg zu Ende war und wir ohne Verdunkelung die Nächte genießen wollten?

Sind wir jetzt erwachsen ? Hab' ich meine Kindheit in Schwerin, meiner Heimat, zurückgelassen ? Oder geht sie mit, ewig ?

„Mach's gut!" so sagt man hier im Harz.

Deine Lilo

Sommerabend

Jetzt wird es Abend.
Der Ostwind streicht schon müde
über das feuchte Gras
und durch die Pappeln hin.
Er bringt die Geräusche der Straße,
von dem Vieh auf der Weide –
auch Hundegebell.

Die Schatten werden lang
und dehnen sich.
Über schwarz-grünen Wäldern
und weißen Feldern
leuchtet ein unendlich weiter,
heller, bunter Abendhimmel,
der tröstet dich.

Sommervögel fliegen im Dreiecksmuster
auf und nieder nach Süden.
Sie flattern fast lautlos vorüber.
Falter, Mücken und Fliegen spielen.
Schon legen sich die ersten
kühlen Nebel auf die Wiesen
und verschmelzen bald zu großen Seen
im dunklen Nachtfeld.

Weidenröschen

stehen weiß in Weiß,
kerzengerade, hochgewachsen
dicht im Kreis,
wolkenhell, durchsichtig klar,
schöngelockt
in ihrem Silberkräuselhaar.

Diese Wandlung von dem Grün
und leuchtendem Rosé,
tut sie ihnen denn nicht weh
wie die ganze Farbenpracht,
die abschiednehmend über Nacht
uns der Herbst hat zugedacht?

Oder meint ihr,
daß es trotzdem lacht
unser Weidenröschen
über sein bestimmtes Weiß,
eingefärbt zum Greis?
Ahnend Schnee und Eis,
wird es sich,
losgelöst von Schaffenszeiten,
auf das nächste Blüh'n
schlafend vorbereiten.

September 2001 in Bispingen

Vertell doch mal!

Dat leve Geld.
Woans ick doch noch to min Glück keem.

Geld makt nich glücklich? Dat is'n dummen Snack. As dat eens bi mi in 't Rullen keem, tippelte ok glieks dat Glück up liesen Sahlen achterto – över min Deel.

De Doktersche harr wedder inkeken un mi jüst vertellt, wat schöön dat weer, mal na buten to kamen! Un dunn verschreef se mi – half bang, half vergnöögt – den eersten Rollstohl. So 'n lütt Ding to 'n Schuven – för Minschen mit ‚MS' or anner Mallöör. Elektrische geef dat dortomal blot eerst för ganz rieke Lü.

Ick weer ok so tofreden, dat mi de Wind wedder üm de Nees weihen kunn, min Hand över Gras strieken. Harr de Welt 'n beten naderbi. Harr lang up luert.

Liekers weer dat noch nich allens. Un allens lett sick ok nich köpen or betahlen. Keen een harr nu Tiet, mi Fleegengewicht to schuven. Dor fröög ick de Kinner up de Straat, ob se sick 'n poor Mücken verdeenen wullt. Ja, se harrn Lust!

Awer eerstmal sülben drinsitten un keck as se weern – halsbrekern den Barg daalsusen un dunn – wullt se ok mi kutscheern.

Mit fief Mark – ut min Sporbüx – weern se dorbi, kreegen den Griff to faten un schesten mit mi dör de Straat över Kant- un Hoppelsteen.

Se stööften üm de Eck, dat de Lü vör Schreck dicht an de Hüüswänn flüchten. Annermal rumpelten se mit mi dör Kruut un Kratt, över Woodeln un Muulworpshögel – bit ick koppheister in 'n Graven flöög.

Bilütten weer mi kloar: ick bruuk so wat as 'n fründlichen Roboter. De wilden Kavaleers keemen mi to düer. Nich dat ick giezig weer, awer blank! – un ok nich levensmööd.

Dor harr ick 'n wunnerboor Droom: ick kunn alleenig föhrn, lies un sacht över spegelglatte Straten, kunn henslippern as 'n Segelschipp in 'n Wind.

Weddermal keem de Paster vörbi. Dütmal harr he grote Rosinen in ’n Sack. Lachte mi so spaaßig an: „Se schulln een Fohrtüüg kriegen, wat se sülben stüürn köönt!“

„Ne, dat glöv ick nich! Is doch nich eernshaftig meent, so ’n Ding kost ’n Barg Geld!“ „Doch!“, begöschte he mi: „Ick wull ja ok wen, de keen Schoh hett, to ’n Poor Stevel verhelpen – dat he wedder lopen kann.“

Sühst, so keem ick to „Felix“, min’n Fründ, den elektrischen Rullstohl. Ick weer entfesselt, frie – un Felix lööp för mi up sin Gummigaloschen bi Wind un Weer – un lies över min Deel.

Intwüschen, na een Johr, harr dat toständige Amt de Kosten för den Felix övernahmen un dat Geld an de Kark trüchbetahlt. Dor leg dat nu in de Schuuvlaad von ’n Paster un keem letz Enn – bi mi wedder an. „Na?“ sä he: „Dormit maken’s man ’ne Reis in ’n Hoarz mit Felix tosamen!“ Wi beid güngen to ’n eersten Maal up groode Fohrt. Ick füng an, dat Leven un de Welt nee to entdecken.

Alltied ünnerwegens, süng de Motor sin Melodie dorto. Un ick harr dat Geföhl, as fleug ick över de Eerd, wo mi eens Steerndalers för de Fööt kullert weern. Wat ’n Glück, dat ’n ingesparrten Vagel wedder fleiten kann.

Die Warener Zeitung

Mein Großvater, Ernst Reimers senior, wurde am 8.6.1864 geboren. In Schwarzenbeck – östlich von Hamburg. Er war Buchdruckermeister und übernahm die „Warener Zeitung“ von Herrn Quanz. Hundertjahrfeier 1941. Siehe Familienalbum, das mein Vetter Hans Reimers, Sohn von Ernst Reimers junior, Herrn Hoffmann zur Verfügung gestellt hat.

„Kleine Formulardruckerei“ in der Güstrower Straße.

Mein Großvater soll ein hochbegabter, erfinderischer Mensch gewesen sein und sehr viel Gutes für die Stadt Waren getan haben, ich habe ihn dazu auch als großzügig, großherzig, recht allwissend – weise und als „Knötterpott“ in Erinnerung.

Er hat die früher übliche Wanderburschen-Gesellenzeit „durchlaufen“ und ist wirklich von Hamburg bis Rom und zurück nur auf „Schusters Rappen“ unterwegs gewesen und hat währenddessen überall im Zeitungswesen praktisch gearbeitet.

Die Stadt Freiburg im Breisgau soll wohl den stärksten und schönsten Eindruck auf ihn gemacht haben. Er lebte in Hamburg, Elmshorn und Waren. Verstorben im Oktober 1938, 74jährig.

Sein ältester Sohn fiel sofort im 1. Weltkrieg. Der Name Hans Reimers steht auf der Gedenktafel bei der Georgenkirche.

Ich kenne die Warener Zeitung von der Großen-Grünen-Straße 11 her und dann den neuen Betrieb aus der Güstrower Straße und erinnere mich an den Geruch von heißem Papier im Treppenhaus und an den gleichmäßigen Lärm, das Stampfen der Maschinen. Ich sehe noch, wie in unheimlicher Schnelligkeit eine Zeitung nach der anderen von der Walze sich abkippte und gefaltet „ausgespuckt“ wurde. Der Krach war ohrenbetäubend und der Geruch aus der Setzerei scharf oder beißend. Die Blaukittel, die freundlichen Setzer!, erklärten mir gerne alles und druckten mir meinen Eigennamen zu meinem Erstaunen, aber meine Großmutter zog mich ungeduldig weg und sprach davon, wie giftig es für mich in der Gießerei wäre und Onkel Ernst darum täglich seinen Liter Milch zum Ausgleich trinken müßte!

Ich erinnere mich noch an Petroleum-Lampen, an Gasbeleuchtung und Gas-Energie. Erst in den 30iger Jahren kam wohl die Elektrizität in die Warener Haushalte. Wenn ich in Schwerin an eisigkalten Wintermorgen kurz nach 7:00 Uhr durch den Schnee stapfte, begegneten mir auf meinem langen Schulweg überall die Laternenmänner die mit einem langen Stab alle Gaslaternen nacheinander ausklickten im Wettlauf mit dem hereinbrechenden Tageslicht.

Manches Interessantes aus den Jahren der Warener Zeitung weiß ich noch aus den Erzählungen meiner Mutter.

Elisabeth wurde als Zweitälteste von 5 Kindern im Oktober 1895 in Waren geboren. Sie mußte besonders während des 1. Weltkrieges und in den Jahren danach für die „Männer" einspringen. Natürlich auf Anordnung vom strengen Herrn Papa. Sie selber wollte Lehrerin werden. Daraus wurde dann nichts mehr. Sie lernte alles sehr schnell und stand „Ihre Frau" mit Humor. Täglich mußte sie unter anderem auch an ihrem Stehpult! die Wehrmachtsberichte entgegennehmen, die vom Rostocker Telegraphenamt durchgegeben wurden. Das hörte sich für Nebenstehende etwa so an: „Hier Warener Zeitung, Reimers – so! – ja! – noch was? – nein, das ist nicht ganz so wichtig – das können wir nicht gebrauchen, viel zu lang! Soviel Platz haben wir nicht auf unserer 1. Seite – Wir sind nur eine kleine Zeitung! – ja, hm – wieviel Bruttoregistertonnen? oh! – ja – gut – Ende!" Und sie mußte sich beeilen und stenografieren.

Ob sie auf der Schreibmaschine wohl das Zehnfingersystem beherrschte? Ich zweifle. Es ging ihr zwar wie der Wind von der Hand. Und mir fiel als Kind immer besonders ihr harter Fingerkuppendruck auf, wenn ich in ihre Hände geriet. Wie schwer ging damals so ein Riesenapparat von Schreibmaschine. Sie tippte auch für Professor Wossidlo manche privaten Manuskripte. So kamen sie sich näher! Und eines Tages hielt der sehr viel ältere Professor Wossidlo bei Papa Reimers um die Hand seiner Tochter Elisabeth an. „Ach, Herr Professor", meinte mein Großvater: „Wissen Sie, das lassen sie man. Meine Tochter ist einfach noch zu unreif für Sie." Zu „jung" hat er nicht gesagt, der Diplomat! Aber ich weiß, da hat immer noch eine Verbindung und Vorliebe zueinander bestanden, auch ein Briefwechsel bis in sein hohes Alter.

Sie war für die Reportagen zuständig und mußte dann, wenn etwas passierte, nachts aus den Federn. Zum Beispiel, als das Hotel „Stadt Hamburg"? in Flammen stand. Und man ließ sie nicht durch: „Das junge Ding, was will denn die Deern hier? Keiner kommt hinter die Absperrung!" So war das.

Einen Sommer lang – als sie noch zur Schule ging – mußte sie jedes Haus und jede Wohnung abklappern, alle Namen und Adressen notieren, weil ihr Vater ein neues Adreßbuch herausgeben wollte. Dabei hat sie dann erst einmal Einblick in die Erwachsenenwelt bekommen. Sie hatte doch bis dahin keine Ahnung von unehelichen Kindern, von „wilden“ Ehen. Und die Leute hatten so ihren Spaß an ihr. Ihre Ferien und den ganzen Sommer mußte sie dafür opfern.

Mit den Schuljungs, die die Zeitungen austrugen, hatte sie ihren Ärger. Sie mußte sie gut einteilen und dafür sorgen, daß bloß keiner von ihnen schwänzte. Das kam leider vor. Dann mußte sie selber losziehen mit den Taschen- oder mit Bollerwagen? – und versuchen, abends im Dunkeln die Leute zu finden. Oft kamen ihr riesige, bissige Hunde entgegen, die sie anfielen. Dann warf sie lieber vorher schon die Zeitungen nur einfach über den Zaun und rief so laut sie konnte: „Zeitung, die Zeitung ist da!“ Manchmal weichte diese auf vom Regen, vom Schnee oder wurde fortgeweht.

Dann schrillte bei Reimers’ das Telefon. Und Elisabeth ahnte, wer es war: die Frau vom Schützenhaus. Die Stimme hat sie nie vergessen: „Wir haben keine Zeitung bekommen!“ Und ihre Familie war verärgert.

„Geht ihr doch hin durch die Finsternis und laßt euch vom Hund anfallen!“

Einer von den Zeitungsjungs stand mal wieder vor ihr und druckste so herum: „Frollein Reimers, morgen kaam ick nich. Wi hebb’n Utfluch von de Schauel!“

„Wer ist dein Ersatzmann?“

„Weit ick nich!“

„Dat weitste nich?“ Und sie legte ihn über’s Knie und versohlte und verdrosch ihn.

Er schrie: „Ick weit’n annern, den Jochen Mahlke!“

„Das hat geholfen“, lächelte meine Mutter, „wenn ich mich auch damit strafbar machte“. Die Jungs bekamen einen Lohn von 2,50 RM im Monat. Für 2,50 RM konnte man sich im besten Hotel einlogieren, damals!

Und als Schulmädchen stand sie oft im kleinen Laden (Güstrower Straße), hatte sich um das „Reisebüro“ zu kümmern, klebte die neuesten Nachrichten ans Schaufenster und verkaufte den Fremden und den Pennälern vor allem! Zeitungen, Bücher, Bleistifte und Ansichtskarten.

Einmal im Krieg, als sie eigentlich unentbehrlich war, gab ihr der Vater doch 2 Tage frei, damit sie mit ihrer Freundin Hertha Lübkoll nach Rostock fahren konnte zum Einkaufen, zum Ausgehen und Theaterbesuch.

Sie kannte das. Rostock und Warnemünde boten alles – außer Hamburg. Sie wohnten im Hotel und schliefen die ganze Nacht bei Lampenlicht. Der Lichtschalter war ihnen zu unbekannt und machte ihnen Schwierigkeiten. Sie legten ein Handtuch um den Lampenschirm – ohne „langes Fackeln“ – und schliefen so schön. Am nächsten Morgen baten sie ganz nebenbei und gleichgültig das Zimmermädchen, eben mal das Licht auszudrehen, aber mit gespitzten Ohren und Adleraugen auf deren Handgriff konzentriert.

„Hest hüert? knacken möt dat!“ Dann probierten sie es ohne große Angst selber aus. Unter Kichern und Lachen.

Aber da war noch ein Problem mit dem Wehrmachtsbericht. „Und pünktlich!“ , hatte ihr Vater gebeten! Also, schnell auf den Weg machen zum Telegraphenhochhaus. Welch ein Spaß, mit dem Lift zu fahren! Und dann höchstpersönlich antreten bei den, nur vom Hören bekannten, „Herren vom Amt“. War das die Möglichkeit, dort einfach einzudringen? Sie, die Herren taten wenigstens so, als wäre das noch nie vorgekommen, als Elisabeth Reimers vor ihnen stand zwischen all den Schnüren und Leitungen im Schwall und Summen von Stimmen, Sprachen und Apparaten.

„Ja, bitte, hier bin ich – E. R. aus Waren – von der Zeitung. Ich muß meinem Vater Ernst Reimers persönlich den Wehrmachtsbericht durchgeben. Das hab’ ich ihm versprochen. Wenn Sie diktieren, ist das zu schnell für ihn. Er kann nur langsam stenografieren!“

Es muß am Ende doch sehr amüsant zugegangen sein bei dieser Ausnahmeregelung und festigte die Verbindung für die Zukunft, solange wie es Wehrmachtsberichte gab.

Meine Mutter mußte selber auch schon mal ein Auge zudrücken, wenn zum Beispiel eine Frau aus dem Hafenviertel vor ihrem Schreibtisch stand und anfing zu lamentieren: sie könne die Rechnung diesmal nicht bezahlen! Der Mann läge jeden Morgen in der Gosse und brächte kein Geld nach Hause, aber wenn er keine Zeitung vorfände, würde er wie ein Wilder toben, alles kaputtschmeißen und seiner Frau die Knochen brechen ...

„Na, denn will ich Ihre Rechnung mal quittieren!“, ließ sich meine Mutter erweichen.

Aber nach dem Krieg, Jahre danach, kam die „Olsch“ immer noch oder wieder vorbei.

Diesmal saß Chef Ernst am großen Schreibtisch. „Huch’, nich zu Herrn Reimers will ich, zu Frollein Reimers.“

Schlimm muß die Inflationszeit nach dem 1. Weltkrieg für die Deutschen gewesen sein. Auch viele Warener nahmen sich das Leben. Sie starben wie die Fliegen, sagte meine Mutter und die Zeitung konnte die Todesanzeigen nicht fassen. 1923.

Ernst Reimers junior wurde 1900 geboren und Nachfolger seines Vaters. Er war Zeitungsverleger, alleiniger Herausgeber der Warener Zeitung und auch, wie sein Vater, Buchdruckermeister. Selbstverständlich hat er eine Schriftleiterprüfung abgelegt und spezielle Ausbildungen hierfür in Rostock durchlaufen.

Er baute 1938/39 einen neuen, damals modernsten, Zeitungsverlag in der Güstrowerstraße. Ich erinnere mich an große, helle Räume mit Oberlicht, Glasdach, an Schaufenster, Büros, Ladenräume, Reisebüro, an leisere noch schnellere Maschinen, Morseapparat, der laufend meterlange Papierschlangen auf den blanken Fußboden warf mit den allerneuesten Berichten ...

Selbstverständlich konnten sie wohl von ihrem Geschäft leben. Sie waren viel wohlhabender als meine Mutter, die mit einem Rostocker Ingenieur verheiratet, 2 Kinder hatte und auch zufrieden war mit den momentanen Verhältnissen.

Wenn ich bei meiner Großmutter in der Großen Grünen Straße meine Ferien verbrachte, genoß ich gern auch die großartige, nette Atmosphäre bei den Reimers in der Güstrower Straße. Wir segelten, fuhren zum Schwimmen an den Strand, wanderten. Es war immer interessanter als bei uns in Schwerin.

Umgekehrt fühlten sich meine Vettern bei uns in Schwerin so richtig in ihrem Fahrwasser, wenn sie den ganzen Tag über nur ausgiebig mit der Straßenbahn fahren, in sämtliche Kinos und ins Theater gehen konnten.

Die „Warener" hatten gute Freunde, waren natürlich vollkommen eingespannt und immer angebunden. Der Betrieb fraß sie auf und ernährte sie. Sie waren unentwegt mit der „Zeitung" im Gange, alles drehte sich um sie. Es war ein absolut unruhiges Geschäftshaus mit Menschen, die ihre Arbeit liebten und sich ständig einsetzten.

Ich erlebte die Gespräche bei Tisch, nach Feierabend, mich als Kind beunruhigten ihr Weitblick, ihre politischen Ansichten, das Dilemma der Nazizeit, wie sie das politische Chaos prophezeiten und doch mit Humor und ohne große Panikmache sich an das System anpassen mußten. Ich war jedesmal aufgewühlt und froh darüber, daß bei uns zu Hause mehr Ruhe herrschte, je schlimmer der 2. Weltkrieg seine Schrecken verbreitete.

Und das Kriegsende, der Zusammenbruch Deutschlands brachte auch das jähe Ende für die Warener Zeitung.

Eine vollkommene Tragik traf die alte, junge Familie Reimers über Nacht.

Mein Vater warnte seinen Schwager Ernst: „Bleib' nicht da in Waren. Du bist gefährdet. Alle von der Presse könnten ein Opfer werden."

„Ich, ich? Gerade ich, dem immer im besonderen Maße das Wohl seiner Stadt und der Bevölkerung am Herzen gelegen hat?“ Er konnte es nicht glauben ...

Über Nacht wurde alles enteignet (1945), er selber verurteilt, 7 Jahre Lager. Seine Gesundheit war kaputt. Er starb nach Jahren an den Folgen, 67jährig.

Nach dem 2. Weltkrieg wurde Großmutter von ihrem jüngsten Sohn Paul nach Berlin geholt. Er hatte ein Fahrzeug mit Anhänger aufgetrieben und verstaute einigen Hausrat darin, sogar das Klavier und obenauf unsere Großmutter.

Hochbeladen verließ er mit ihr, die alles nicht mehr so recht fassen konnte, die zerstörte, verstörte kleine Stadt in Richtung Berlin.

Irgendwann, irgendwo mußte er sie auf dem Hoppelpflaster verloren haben. Er fuhr zurück, suchte Straßen und Gräben nach ihr ab, fand sie lange, lange nicht, doch endlich in einem Krankenhaus wieder. Mit Oberschenkelhalsbruch.

Auch ihr Leben ging langsam zu Ende. Im Sommer 1948, im hohen Alter. So haben sich alle Spuren verloren – wie im Heidesand.

Lieselotte Jacobi,
Enkelin von Ernst Reimers sen.
mit 16 Jahren